KB185585

물어보기 부끄러워
묻지 못한

주식상식

물어보기 부끄러워
묻지 못한
주식상식

초판 1쇄 인쇄 2025년 3월 17일
초판 1쇄 발행 2025년 3월 24일

지은이 손환락
펴낸이 이종두
펴낸곳 (주)새로운 제안

책임편집 엄진영, 문혜수
디자인 보통스튜디오
영업 문성빈, 김남권, 조용훈
경영지원 이정민, 김효선

주소 경기도 부천시 조마루로385번길 122 삼보테크노타워 2002호
홈페이지 www.jean.co.kr
쇼핑몰 www.baek2.kr(백두도서쇼핑몰)
SNS 인스타그램(@newjeanbook), 페이스북(@srwjean)
이메일 newjeanbook@naver.com
전화 032) 719-8041
팩스 032) 719-8042
등록 2005년 12월 22일 제386-3010000251002005000320호

ISBN 978-89-5533-664-1 13320

주식의 기초 개념부터 실제 사고파는 방법까지

누구나 이해하기 쉬운 주식상식 A to Z

물어보기 부끄러워 묻지 못한

주식상식

손환락 지음

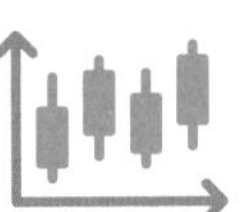

새로운제안

우리나라 주식시장에서 하루에 거래되는 금액은 일평균 19조 원이다. 주요 거래자는 기관 투자자, 외국인 투자자, 개인 투자자로 나뉜다. 전체 19조 원 중에 개인 투자자가 거래하는 금액이 12조 원으로 그 규모가 다른 투자자들을 압도한다. 개인 투자자들의 규모만 본다면, 수익률도 외국인과 기관보다 높아야 하지 않을까?

하지만 우리는 위 문제에 대한 답을 알고 있다. 개인 투자자가 주식 시장에서 수익을 얻기가 힘들다는 것을... 주변에 주식으로 수익을 얻은 사람보다 손해를 입었다는 사람이 더 많고, 주식을 권하는 사람보다 말리는 사람이 더 많다는 것을 말이다. 실제로 개인 투자자는 단기투자 비율이 높고, 소문이나 뉴스에 쉽게 반응해 매매하기 때문에 거래량은 많지만 큰 수익은 내지 못한다고 평가된다. 지식이나 정보에 대한 접근성도 다른 투자자에 비해 떨어지는 것이 사실이다.

그렇다고 평생 남는 돈은 은행 예금만 하며 경제에 대한 눈을 감고 세상에 대한 귀도 막은 채 주식도 모르고 살 수는 없다. 주식시장에 개인 규모가 큰 것도 사람들의 관심이 그 곳에 있다는 사실을 방증하는 것이다.

요즘은 한국 주식가치가 저평가 되었다고 정부차원에서 대응하기 위해 Value-up 정책을 쓴다는 기사들이 많이 나온다. 사실 최근까지 한국의 주식시장은 대기업, 재벌 위주의 시장으로 소액주주의 가치에 신경을 크게 쓰지 않았다. 대기업의 대주주는 낮은 지분율로 다수의 기업을 지배하고, 그 지배를 공고히 하기 위해서 소액주주의 희생을 강요해 왔다. 기업들이 배당과 자기주식 매입 등 주주 친화적인 정책에 크게 신경을 쓰지 않아 왔기에 한국 주식은 미국 주식에 비해 언제나 낮게 평가될 수밖에 없고, 투자자들은 수익이 더 좋은 미국 시장으로 이동하고 있다.

사실 이 책을 통해 하고 싶은 말은 딱 두 가지이다. 첫째는 사람들의 관심은 주식 시장에 있고 여러분도 주식에 관심을 갖으시라. 두 번째는 한국 주식에서 미국 주식으로도 관심을 확대해보자. 지금 내가 사는 세상 사람들이 무엇에 관심을 갖고 있는지는 돈의 흐름이 어디로 집중되는지를 보면 된다. 지금 내가 투자할 곳은 주식인가, 채권인가? 한국 시장인가, 미국 시장인가? 이런 물음들에 대한 답을 찾기 위해 이 책을 보는 것이다.

주식을 시작할 때 많은 것을 알 필요도 없고, 많이 안다고 성과가 좋은 것도 아니다. 하지만 기본적인 부분을 알고 시작한다면 재미도 있고 나름의 성과도 찾을 수 있을 거라고 생각한다. 이 책은 한 번도 주식을 사보지 않은 사람을 기준으로 집필했다. 계좌 개설부터 마지막에 미국 주식을 사기까지 뭐 이런 것까지 설명하나 싶을 정도로 기본적인 설명에 힘을 실었다.

한국시장에 거래하는 80%의 사람들이 가장 기본적인 주식 거래에 대한 상식이 늘어날수록 소액주주의 권리도 강화되고 한국 주식의 Value-up도 가능하리라 생각한다.

개인 투자자들의 상식을 높이는 것이 대한민국의 주식시장을 Value-up하는 길이다.

목차

✦ Part 1 ✦

주식 사고 파는 법

✦ Part 2 ✦

주식 투자를 위한 필수 개념

✦ Part 3 ✦

주식 시장을 보는 그림 : 차트

✦ Part 4 ✦

튼튼한 종목이 나타내는 지표

✦ Part 5 ✦

실전투자 방법

✦ Part 6 ✦

어렵지 않은 미국 주식 투자

Part 1

주식 사고 파는 법

Intro

우리는 주변에서 주식에 투자하는 사람을 흔하게 볼 수 있다. 주식에 투자해서 성공했다는 사람도 많고, 까먹었다고 한숨 짓는 사람도 많다. 그런가 하면 주식을 위험하다고 생각하고 한 번도 해보지 않은 사람도 의외로 많은 편이다. 주식투자는 단순히 돈을 버는 것만 목적이 아니라 세상이 돌아가는 부분에 대한 이해를 높여 준다. 전혀 지식도 없고 복잡하고 위험하다는 생각만으로 세상을 이해할 수 있는 기회를 놓치고 있는 것은 아닐까? 거기다 개인 자산도 늘릴 수 있는 기회까지 잃어 버릴 수 있으니 주식 투자는 꼭 해보기를 권한다.

물론 주식투자는 올라갈 가능성과 하락할 가능성이 상존한다. 그럼에도 불구하고 주식 투자가 더 좋다는 이유는, 이론적이지만 주식은 올라갈 수 있는 가격이 무한대이나 하락할 수 있는 가격은 0원까지기 때문이다. 즉, 주식이 얼마까지 올라갈지 모르지만 손실은 내가 투자한 원금까지이다. 그 이상 손실이 커지지 않는다. 결코 마이너스는 없다(물론 빚을 져서 투자하는 경우는 다르다).

그렇다면 성공적인 투자가 되기 위해서 일단 주식을 사보는 것이다. 주식을 사고 팔려면 알아야 할 용어들이 있으니 읽어보고 따라해보자!

01

Home에서 하면 HTS, Mobile로 하면 MTS

주식을 거래하는 방법은 크게 두 가지로 나뉜다. 하나는 HTS(Home Trading System)라고 PC에 프로그램을 설치해서 하는 거래하는 방법이고, 다른 하나는 MTS(Mobile Trading System)라고 스마트폰에 설치해서 거래하는 방법이다. 과거에는 HTS를 많이 썼지만 요즘은 스마트폰의 성능이 좋아져 쉽고 간편하게 MTS로 거래를 많이 한다. 따라서 개인 주식 투자자들이 많이 사용하는 키움증권의 MTS 설치를 기준으로 진행해 보자.

설치에 앞서 준비해야 될 사항은 다음과 같다.

① 본인명의 스마트폰

② 신분증(주민등록증 또는 운전면허증)

③ 은행계좌

아이폰의 경우 앱스토어에서, 안드로이드 폰은 구글 플레이스토어에서 영웅문키움증권 MTS 이름을 검색해서 다운을 받는다.

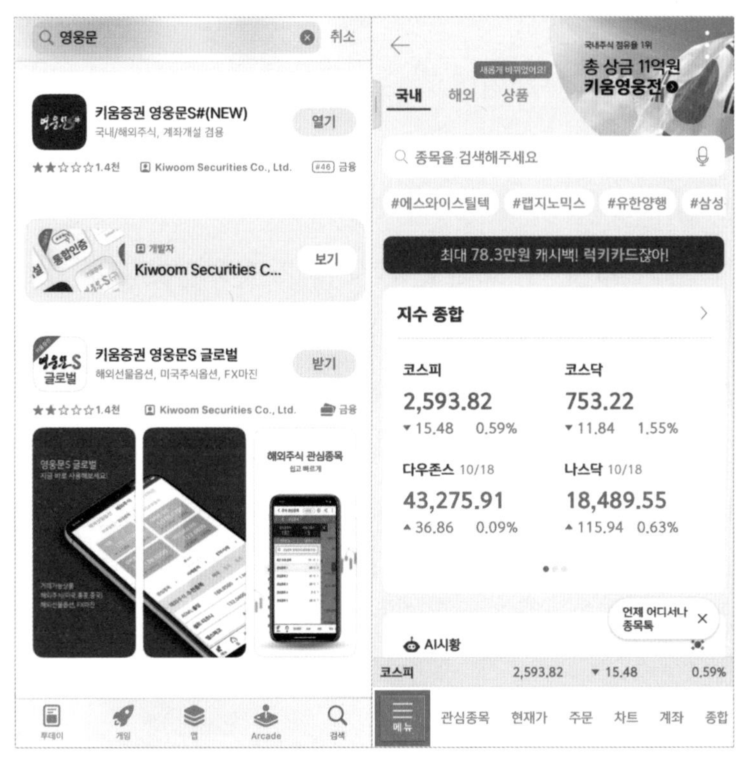

그림 1-1 MTS 다운로드　　**그림 1-2** 홈 화면

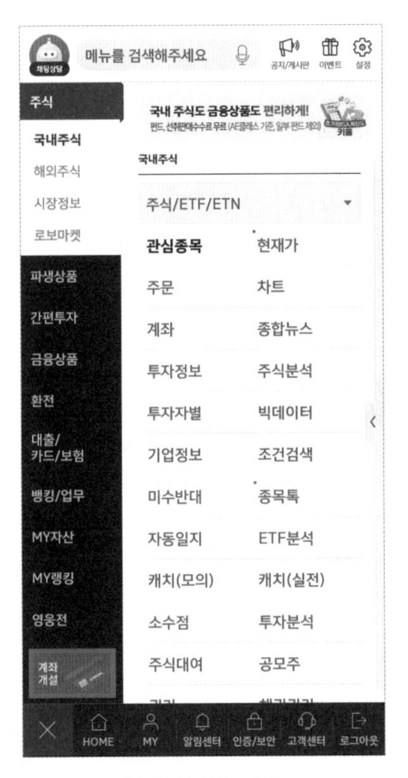

그림 1-3 메뉴 화면

위와 같이 '영웅문'을 검색해서 나온 앱을 다운받아 앱을 실행하면 된다. 실행하면 그림 1-2와 같은 홈 화면이 나오고, 지수 종합이 보여지는 홈 화면 아래 [메뉴] 탭을 누른다. 그림 1-3과 같은 메뉴 화면이 나오면 MTS를 할 수 있는 준비가 된 것이다. 이어서 남색으로 된 왼쪽 여러 메뉴들 가운데 보라색 박스 속 [계좌개설]을 눌러 계좌를 만들어 보자.

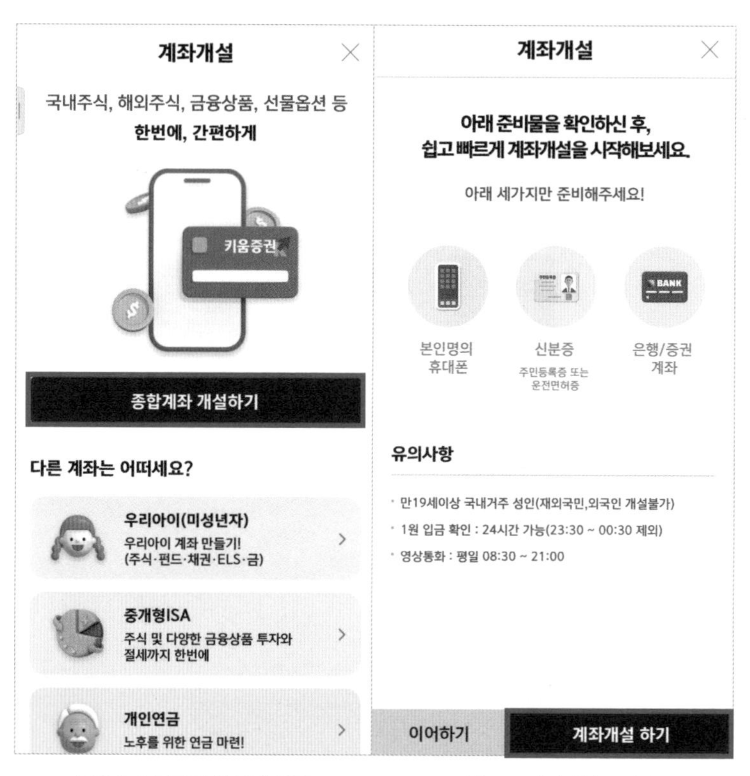

그림 1-4 계좌개설 시작 화면 **그림 1-5** 계좌개설 준비물

계좌개설 화면으로 들어가면 그림 1-4의 [종합계좌 개설하기] 탭을 눌러 계좌를 개설한다. 앞에서 얘기한 준비물이 다시 한번 화면에 보여진다. 우리는 이미 휴대폰, 신분증, 은행계좌가 준비되어 있으므로 유의사항만 읽은 후, 그림 1-5의 [계좌개설 하기] 탭을 눌러 다음을 진행한다.

다음은 계좌개설 단계별 화면이다. 화면만 잘 읽고 따라하면 생각보다 쉽고 간단하다.

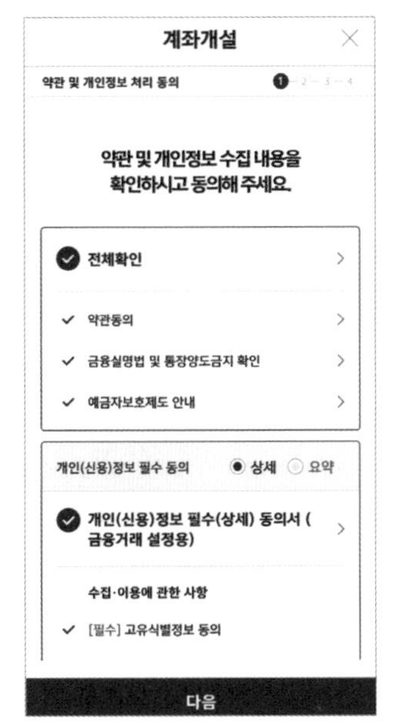

그림 1-6 1단계

그림 1-7 2단계

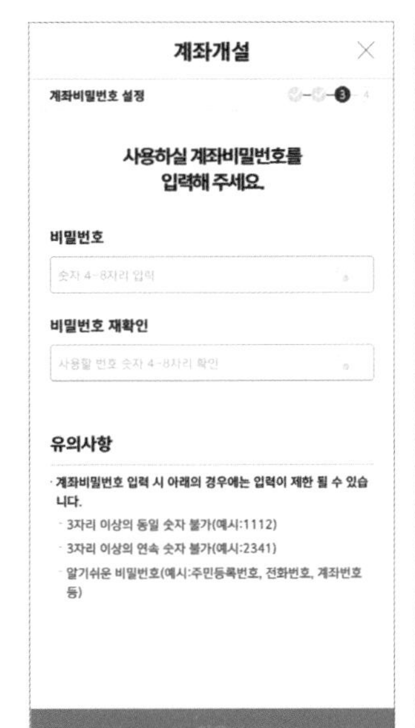

그림 1-8 3단계

그림 1-9 4단계

일단 약관 및 개인정보 처리에 동의한다. 그 다음 고객 정보를 입력한다. 사용할 계좌 비밀번호를 설정한다. 앞서 준비물 중 본인 명의 은행계좌가 있었다. 그 계좌정보를 입력하면 되는데, 이것은 앞으로 만들어질 증권계좌와 연결될 은행계좌이다.

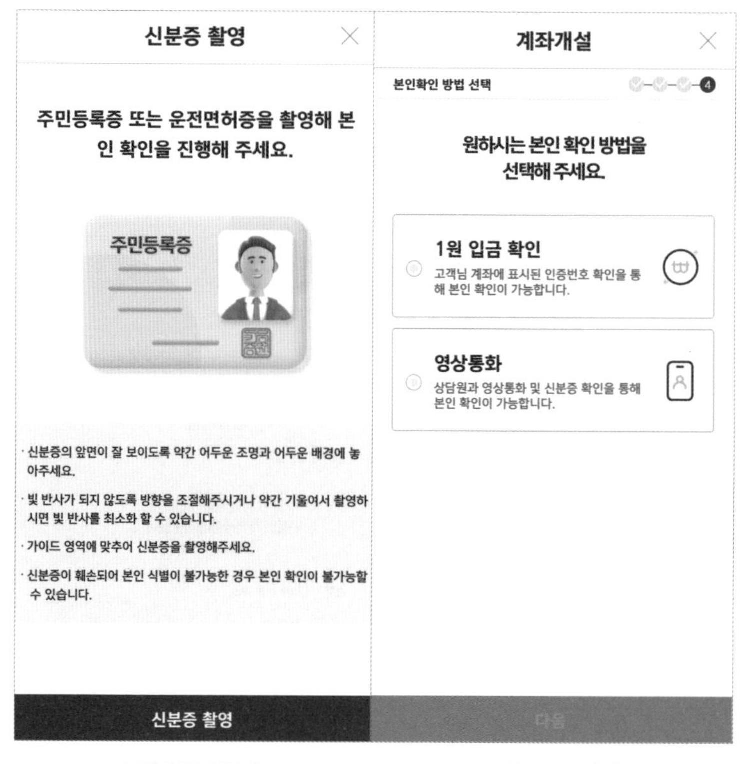

그림 1-10 5단계

그림 1-11 6단계

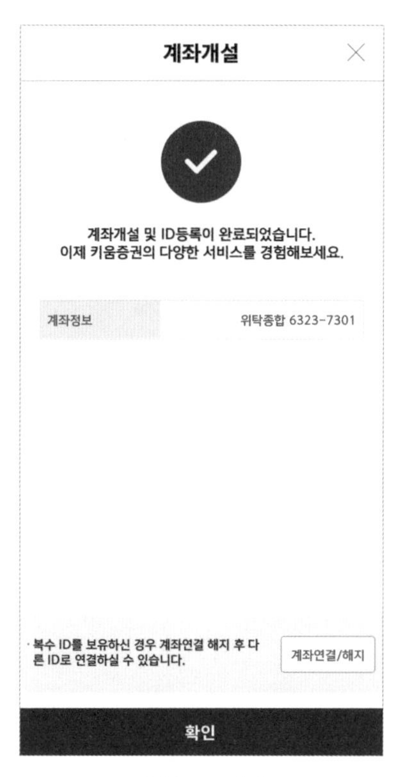

그림 1-12 7단계

준비한 신분증을 촬영한다. 본인 확인 방법을 선택해서 본인 확인을 진행하면 계좌가 개설된다. 계좌정보에 '위탁종합'의 의미는 '위탁'이면서 주식, 채권, 펀드 등을 '종합'해서 거래할 수 있다는 뜻이다. 뒤 숫자가 개설된 계좌의 계좌번호이다. 새롭게 개설된 증권 계좌번호로 투자금을 이체할 수 있게 되었다. 이렇게 MTS를 할 수 있는 모든 준비가 끝났다.

Check!

주식계좌만 만들면 되는데, '위탁'?, '종합'? 이게 다 뭐죠?

'위탁'의 사전적 의미는 법률 행위나 사무의 처리를 다른 사람에게 맡겨 부탁하는 일이다. 우리는 개인으로 거래소에서 직접 주식을 사고 팔 수 없다. 그래서 거래소 회원 자격을 가진 증권회사에 '위탁'해서 주식을 거래하기 때문에 위탁계좌라는 말을 쓴다. 이 위탁계좌를 증권회사마다 위탁, 주식(국내/해외), 종합, 매매 등의 용어를 조합해 다르게 사용하므로, 개설된 계좌 이름이 단순한 '주식계좌'가 아니라고 당황하지 말자.

02

호가의 이해

주식 거래를 하면서 가장 많이 보는 화면은 '현재가'일 것이다. 이 창은 주식이 현재 거래되고 있는 가격과 거래량을 보여주는 화면이면서, 주문으로 쉽게 연결할 수 있어 가장 중요한 화면이라 할 수 있다. 현재가 창은 현재 주식의 가격만 딱 나와있는 화면이 아니다. 매수자와 매도자의 '호가'들로 가득하고, 그 속에서 최종 거래가 된 현재가가 제일 가운데 보인다. 여기서 호가는 사전적으로 팔거나 사려는 물건의 가격을 부르는 것을 의미하는데, 주식에서 물건은 개별 주식이 된다. 따라서 현재가창을 호가창이라고도 한다. 현재가를 확인하기 앞서 먼저 호가가 어떻게 형성되는지 알아볼 필요가 있다. 처음 보면 복잡할 수 있으니 단순화해서 확인해보자. 거래하는 사람은 매수하는 사람 1명, 매도하는 사람 1명이라고 가정을 하자.

매도 거래량	주식 가격	매수 거래량
	10,010	
	10,000	
	9,990	100

표 1-1 100주 매수 호가창

먼저 매수자가 주식을 9,990원에 100주를 사는 주문을 넣으면 표 1-1처럼 입력이 된다. 매수하고자 하는 수량은 가격창에서 우측에 표시가 된다. 매수호가밖에 없어 거래는 아직 이루어지지 않았다. (거래량 : 0)

매도 거래량	주식 가격	매수 거래량
100	10,010	
	10,000	
	9,990	100

표 1-2 100주 매도 호가창

이후 매도자가 주식을 10,010원에 100주를 파는 주문을 넣으면 좌측 매도 거래량 부분에 표시가 된다. 아직은 매수하는 사람은 좀 더 싸게, 매도하려는 사람은 좀 더 비싸게 주문을 내놓아서

거래 체결이 안되는 상황이다. (거래량 : 0)

매도 거래량	주식 가격	매수 거래량
100	10,010	
	10,000	100
	9,990	100

표 1-3 100주 매수 추가 호가창

여기서 매수자가 가격을 10,000원으로 좀 더 높여서 추가로 100주 매수를 넣으면, 표 1-3처럼 표시가 된다. 여전히 매수, 매도 호가 차이로 거래가 체결되지 않는다. (거래량 : 0)

매도 거래량	주식 가격	매수 거래량
100	10,010	
❶ 50 ⇨ ❷ 0	10,000	❶ 100 ⇨ ❷ 50
	9,990	100

표 1-4 50주 거래 체결 호가창

이때 매도자도 맘을 바꿔 ❶ 10,000원에 50주를 팔겠다는 주문을 넣으면, 매수자와 매도자의 가격 수량이 매칭이 되면서 ❷ 50주 거래가 체결이 된다. 실제 현재가 창에서는 매도 거래량에 50주가 표시되지 않고, 매수 거래량 100주에서 50주로 바로 줄어드는 모습으로 표현된다. (거래량 : 50주)

이렇게 되면 비로소 매수자 거래계좌에는 해당 주식 50주가 10,000원에 산 것으로 표시가 되고, 매도자 거래계좌에는 보유하고 있던 주식 50주가 줄어든 것으로 나타난다. 주식의 전체 거래량은 50주가 되고, 현재가창의 현재가는 10,000원이 된다.

단순화해서 설명했지만, 실제 다양한 주식시장 참가자들의 수많은 주문이 모여 호가창을 형성한다. 따라서 거래가 활발한 현재가창호가창은 언제나 호가 숫자들이 끊임없이 움직이고 현재가가 수없이 변경되기 때문에, 밤하늘 별처럼 항상 반짝반짝하다.

03

현재가창에서 보여지는 다양한 정보

주식 거래를 위해 현재가창을 찾아 보는 것만으로 많은 정보를 알 수 있다. 매수, 매도하는 사람의 수, 거래량, 체결되는 가격, 상한가/하한가 등 주식거래를 위해서 필수적으로 알아야할 용어들이 많이 등장한다. 우리가 주식에 익숙해지기 위해서는 이런 용어들을 잘 숙지할 필요가 있는데, 하나씩 차근히 알아보자.

먼저 MTS에서 현재가창을 찾아보자. 그림 1-13, 14를 참고하여 [메뉴]-[국내주식]-[현재가]를 찾아보자.

그림 1-15는 실제 주식의 현재가이다. 앞에서 설명했던 것과는 다르게 아주 많은 거래 참여자들이 다양한 가격과 수량으로 매수,

매도 주문을 내고 이 주문들의 총결과가 호가창을 통해 나타난다.

그림 1-13 MTS에서 [메뉴]　　　그림 1-14 [국내주식] - [현재가]

따라서 주문이 실시간으로 반영되는 모습, 거래가 체결되는 속도 등을 통해 해당 종목에 대한 투자자들의 심리가 반영되기도 한다. 현재가 창 속 숫자가 유난히 빠르게 변동되고 가운데 네모 박스 속 현재가도 쉴 새 없이 바뀐다면? 현재 이 종목에 대한 투자자들의 관심과 실제 매매가 많이 이루어진다는 것을 알 수 있다. 그밖에 현재가 창에서 더 많은 정보를 살펴보자. 그림 1-15는 대한항공의 주식 호가창의 모습이다.

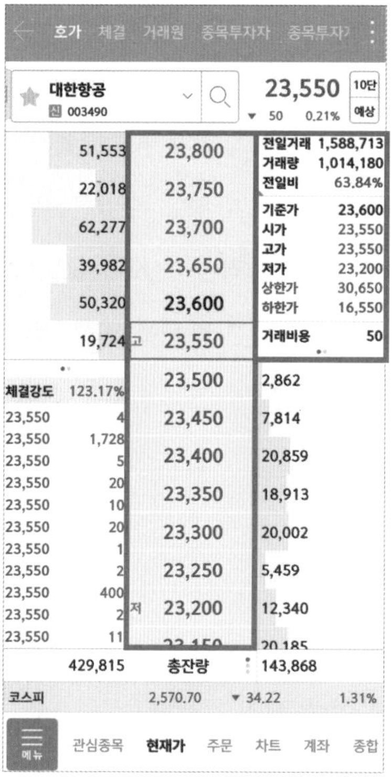

그림 1-15 현재가(호가)

그림 1-15의 가운데 세로줄에 있는 주식 가격을 보면 일단 검정색, 파란색, 빨간색(다크 모드일 경우, 흰색, 파란색, 빨간색)으로 표시된 것을 볼 수 있다. 검정색인 23,600원은 어제 거래된 최종 가격종가으로 기준가격이라고 한다. 이 가격을 기준으로 오늘 가격이 올랐으면 빨간색으로 가격이 표시되고, 내렸으면 파란색으로 가격이 표시된다. 자연스럽게 기준가격 윗부분은 빨간색이고, 아

랫부분은 파란색이 되겠다. 현재 현재가는 23,550원으로 화면 한 가운데 빨간 박스로 표시하고 있다.

따라서 위 주식의 현재가격은 23,550원이고, 어제 가격보다 50원 하락, 백분율로 0.21% 하락해서 거래된다는 것을 알 수 있다. 앞에서 보았듯이 빨간 박스의 현재가를 기준으로 매도하고자 하는 수량은 좌측에, 매수하고자 하는 수량은 우측에 나타낸다. 현재 거래가 체결되고 있는 가격은 23,550원으로 매도자가 주문을 내놓은 가격에 매수자가 체결 주문을 넣고 있다. 현재가를 기준으로 우측 상단을 확대하여 다양한 정보를 해석해 보자.

- **전일 거래** : 어제자로 실제 체결된 주식의 수를 나타낸다.
- **거래량** : 현재 체결되고 있는 주식의 수를 나타낸다. 전일 거래량과 비교해서 오늘 이 주식의 거래가 얼마나 활발한지 비교해 볼 수 있다.
- **기준가** : 어제 마지막으로 거래된 가격종가을 의미한다. 오늘은 어제 가격을 기준으로 얼마나 오르고 내렸는지가 표시되는데, 어제 23,600원으로 끝이 났고, 현재는 50원이 내린 23,550원에

23,550	10단 / 예상
▼ 50	0.21%
전일거래	1,588,713
거래량	1,014,180
전일비	63.84%
기준가	23,600
시가	23,550
고가	23,550
저가	23,200
상한가	30,650
하한가	16,550
거래비용	50

그림 1-16 현재가 창에서 확대된 정보

거래가 되고 있다.

- **시가** : 오늘 거래를 시작한 가격이고, 오전 9시 장이 시작할 때 동시호가라는 방식으로 결정된다. 동시호가는 뒤에서 다시 설명하겠다.
- **고가** : 오늘 현재까지 가장 높게 거래된 가격을 의미한다.
- **저가** : 오늘 현재까지 가장 낮게 거래된 가격을 의미한다.
- **상한가/하한가** : 우리나라는 주식가격이 하루에 변할 수 있는 정도, 즉 가격제한폭 제도를 도입하고 있다. 가격제한폭은 기준가어제 종가 대비 ±30%이다. 이를 예시로 든 주식에 대입해 보면, 오늘 최대한 오를 수 있는 전일종가(기준가)의 +30%인 30,650원이고 이를 상한가라고 한다. 이와 반대로 오늘 최대한으로 빠질 수 있는 가격은 전일종가(기준가)의 -30%인 16,550원이고 이를 하한가라고 한다. 주식가격이 상한가나 하한가로 움직인다는 것은 상당한 변동성을 보여준다는 뜻이므로 매매에 주의를 기울여야 한다.
- **거래비용** : 거래비용은 주식을 1주 매매할 때마다 증권사에 지급하는 비용으로 수수료라고도 하며, 각 증권사별로 차이가 난다. 여기서는 주식가격의 0.2%가 거래비용으로 책정되어 있다. 추가로 고려해야 할 비용으로는 매도할 때만 발생하는 세금이 있다. 즉, 증권거래세 '0.03% + 농어촌특별세 0.15%'로, 세금 역시 총 0.18%가 부과된다(2024년 1. 1 기준).

04

주식 주문 화면 속 용어

주식 매수는 현재가창에서 쉽게 진행할 수 있다. 실제로 돈이 오고 가는 화면이므로 신중하게 접근해야 하지만 몇 번 반복하다 보면 쉽게 적응할 수 있을 것이다. 현재가창에서 가운데 세로줄에 있는 여러 호가들 중에, 매수하고자 하는 가격을 클릭하면, 뒷 배경은 어두워지면서 매수, 매도, 정정/취소 박스만 밝게 나타난다. 매수를 선택해

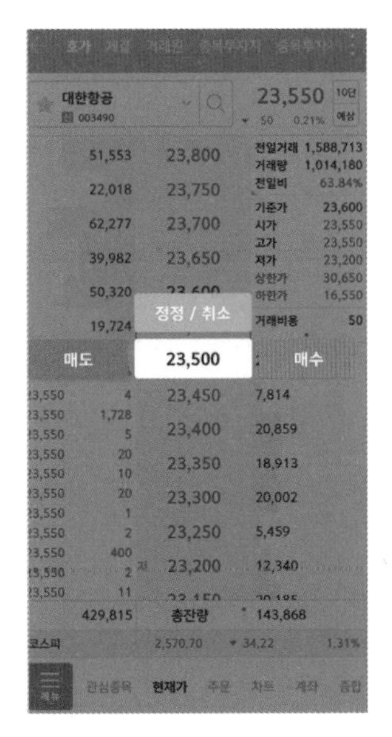

그림 1-17 매수 매도 정정/취소 박스

보자. 그럼 바로 주문 화면으로 넘어간다. 또는 메인 메뉴에서 [국내주식] - [주문]으로 주문 화면을 직접 선택해 들어갈 수도 있다.

주문 화면이 나왔다. 주문 화면에서 보이는 용어들을 살펴보자.

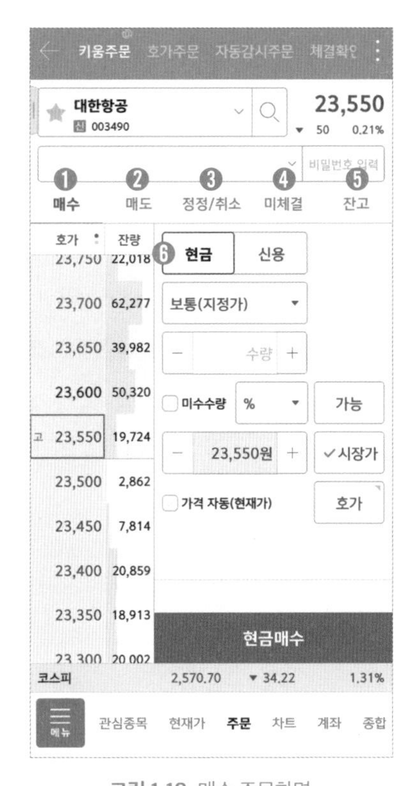

그림 1-18 매수 주문화면

❶ 매수 : 매수주문을 넣을 수 있는 화면이다.

❷ 매도 : 매도주문을 넣을 수 있는 화면이다.

❸ 정정/취소 : 매수나 매도 주문을 넣었으나 가격 또는 수량을 변경하고 싶을 때 정정 주문을 넣을 수 있는 화면이다. 매매

주문 자체를 없던 것으로 취소할 수도 있다.

❹ 미체결 : 주문을 넣었으나 아직 체결되지 않고 남아 있는 주식의 수량을 확인할 수 있다.

❺ 잔고 : 주식 주문이 체결되고 나서 보유하거나 남아 있는 수량을 확인할 수 있는 화면이다.

❻ 현금/신용 : 주식은 보통 계좌잔고에 현금이 있어야 매수가 가능하다. 하지만 증권사에서는 현금이 없는 경우 돈을 빌려주고 주식을 매수할 수 있게 도와준다. 이때 매수한 주식은 담보로 증권사에 제공한다신용융자. 이는 우리가 집을 살 때 집을 담보로 대출을 받는 것과 동일하다. 보유하지 않은 주식을 매도하고 싶은 경우에도 증권사에서 일정한 이자를 받고 주식을 빌려주기도 한다신용대주. 이 둘을 합쳐 주식 신용거래라고 한다. 신용으로 거래하는 것은 상당히 높은 리스크를 수반한다. 우리는 이제 시작하고 배우는 입장이므로 현금이 있는 상황이나 주식을 보유한 상황에서만 매매하도록 하자.

05

다양한 주식 주문 방법

호가와 현재가를 이해하고 주문 용어들도 알았으니 이제 주식을 실제로 주문할 차례다. 몇 주를 얼마에 산다고 간단히 주문만 넣고 싶은데, 주문 화면 속 선택박스에 주문 방법이 너무 많을 것이다. 당황하지 말자. '보통'이라고 된 보통 주문 방법으로 주문하면 된다. 보통 주문을 '지정가 주문'이라고도 하며, 내가 지정한 수량과 가격으로 주문을 내는 보통의 주문 방법이라고 이해하면 된다. 그 외 다양한 주문 방법들은 책을 통해 이런게 있구나 정도만 알아두자.

그림 1-19 매수 가격 선정방식 화면

보통(지정가)

내가 원하는 가격을 직접 지정할 때 선택한다. 가장 간단한 방법이지만 현재 체결되는 가격과 괴리가 크거나 가격 변동성이 큰 경우 체결되는데 오랜 시간이 걸릴 수가 있다. 장마감까지 체결되지 않으면 자동으로 취소된다.

예를 들어보자. 그림 1-20에서 현재가는 10,500원이고 왼쪽과 오른쪽은 각각 매도 대기 수량, 매수 대기 수량이다. 매수자 입장이며, 주문창에 있는 주문 중 선택박스에서 보통(지정가)를 선택했다.

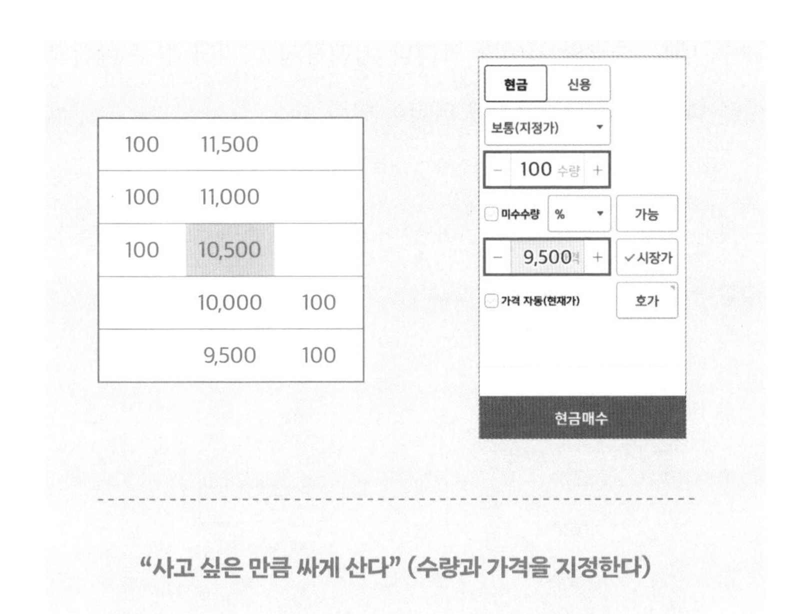

현재가보다 1,000원 싸게 사야겠다. 수량에 100주 넣고, 가격에 9,500원을 넣자.

➡ 현재가가 10,500원에서 9,500원까지 내려왔을 때, 매도수량 100주가 있으면 체결된다.

그림 1-20 보통(지정가)

시장가

현재 시장에서 체결이 가능한 가격에 즉시 체결하도록 할 때 선택한다. 수량만 지정하고 가격은 지정하지 않는다. 매수를 탭 하자마자 주문한 전체 수량이 거래된다. 시장가 매수의 경우 시장에 있는 매도호가에서 주문 낸 매수수량 전체가 체결될 때까지 가격을 올리면서 체결시킨다. 빠르게 거래를 체결할 수는 있지만 매수, 매도 가격의 차이가 크거나 거래량이 미미할 경우 예상과 아주 다른 가격으로 체결될 위험이 있다.

예를 들어, 현재가는 10,500원이고 선택박스에서 시장가를 선택한다.

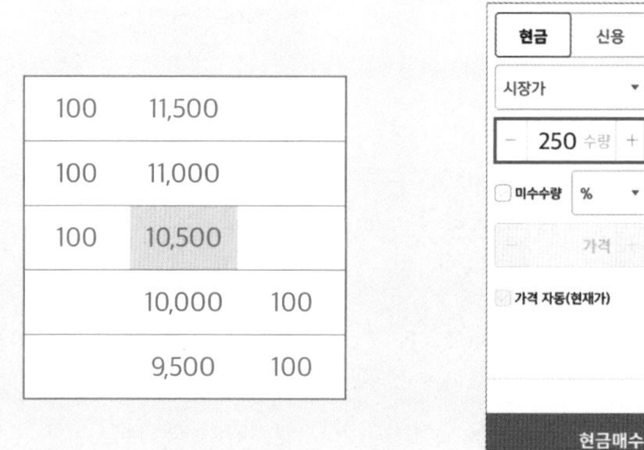

"가격이 급등한다! 250주 무조건 산다" (수량만 지정한다.)

"가격이 급등한다! 250주 무조건 산다" (수량만 지정한다.)

➡ 10,500원에 매도 대기 수량인 100주, 11,000원에 100주, 11,500원에 50주가 체결되고, 현재가가 짐짐 올라가서 11,500원으로 된다.

그림 1-21 시장가

조건부지정가

장중에는 보통 지정가로 거래를 진행하다가 매매가 체결이 되지 않은 경우, 장 마감 직전에 시장가로 전환되어 체결시키는 가격 지정 방식이다. 즉, 장중에 내가 지정한 가격에 매매체결이 되지 않으면, 마지막에 종가로 거래가 체결된다. 꼭 오늘 모든 거래를 체결하고자 할 때 사용한다.

예를 들어보자. 현재가는 10,500원이고 왼쪽과 오른쪽은 각각 매도 대기 수량, 매수 대기 수량이다. 매수자 입장이며, 장 마감도 아래 호가와 같은 상황이다. 주문창에 있는 주문 중 선택박스에서 조건부 지정가를 선택했다.

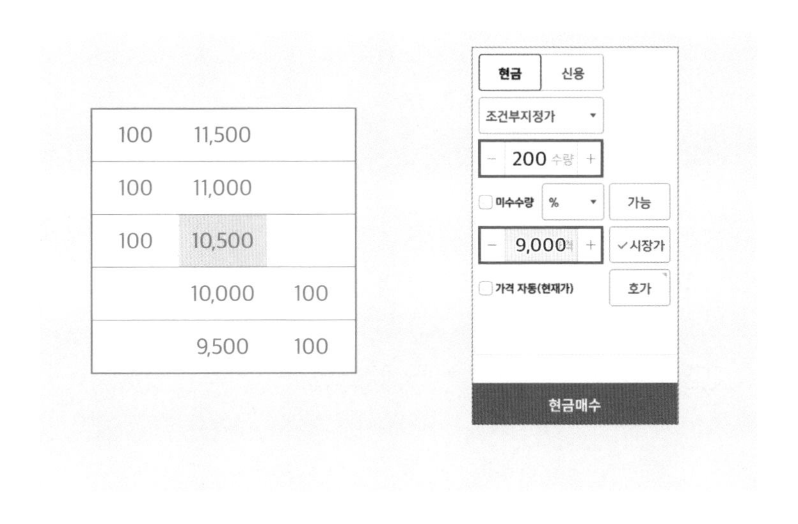

"오늘 중으로만 사자. 급할 것 없다." (수량과 가격을 지정한다)

200주를 9,000원에 매수 주문 넣자.

➡ 장 중에 체결되지 않았다. 10,500원에 100주, 11,000원에 100주. 총 200주를 샀고, 내가 마지막 거래였으면 오늘 종가가 11,000원이 된다.

그림 1-22 조건부지정가

최유리지정가

최유리 매수지정가의 경우 처음에 시장가처럼 현재 체결이 가능한 매도호가에 거래를 체결시키지만 체결 수량이 모자란 경우 가격을 올려서 체결시키지 않고, 지정가 주문으로 남아 있도록 하는 가격지정 방식이다.

예를 들어보자. 현재가는 10,500원이고 왼쪽과 오른쪽은 각각 매도 대기 수량, 매수 대기 수량이다. 매수자 입장이며, 주문창에 있는 주문 중 선택박스에서 최유리지정가를 선택했다.

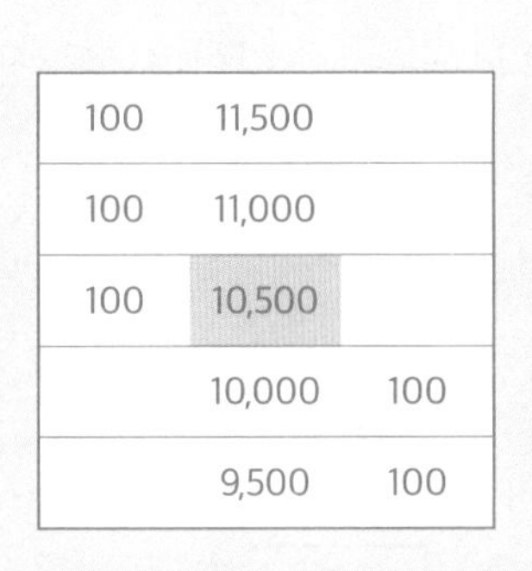

100	11,500	
100	11,000	
100	10,500	
	10,000	100
	9,500	100

“가격을 올리지 않는 한도에서만 사야지.”(수량만 지정한다)

200주를 매수 주문 넣자.

➡ 현재가인 10,500원에 매도 대기 수량이 있으니 100주가 매수되고, 장 끝날 때까지 또는 체결될 때까지 나머지 100주 주문이 남아있다.

그림 1-23 최유리지정가

최우선지정가

최우선 매수지정가의 경우 가장 높은 매수가격에 주문이 들어가고, 최우선 매도지정가의 경우 가장 낮은 매도가격에 주문이 들어간다. 시장가와 달리 바로 체결이 되지 않고, 체결되기 직전의 가격에 주문이 들어가는 방식이다.

예를 들어보자. 현재가는 10,500원이고 왼쪽과 오른쪽은 각각 매도 대기 수량, 매수 대기 수량이다. 매수자 입장이며, 주문창에 있는 주문 중 선택박스에서 최우선지정가를 선택했다.

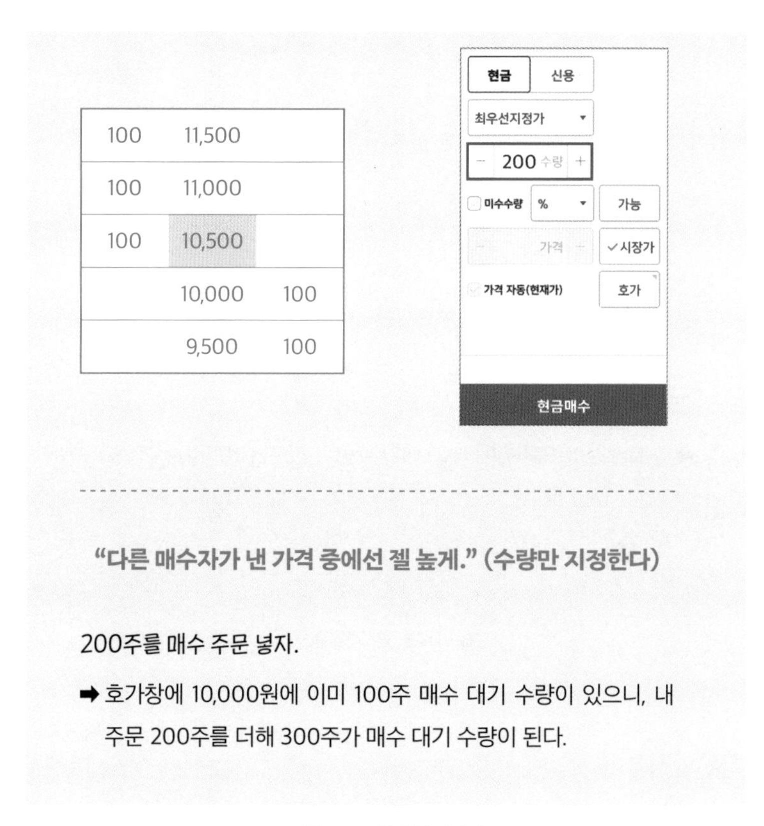

100	11,500	
100	11,000	
100	10,500	
	10,000	100
	9,500	100

그림 1-24 최우선지정가

보통(IOC)

IOC는 Immediate Or Cancer의 약자로 주문 즉시 가능한 수량을 체결시키고, 나머지 주문은 취소하는 방식의 가격지정 방식이다. 최유리지정가와 유사하지만 체결되지 않은 주문은 자동으로 취소되는 것이 차이점이다.

예를 들어보자. 현재가는 10,500원이고 왼쪽과 오른쪽은 각각 매도 대기 수량, 매수 대기 수량이다. 매수자 입장이며, 장 마감도 아래 호가와 같은 상황이다. 주문창에 있는 주문 중 선택박스에서 보통(IOC)를 선택했다.

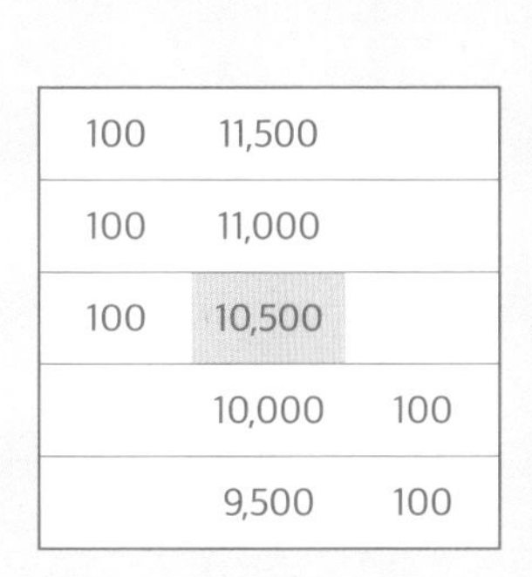

100	11,500	
100	11,000	
100	10,500	
	10,000	100
	9,500	100

"시장 가격을 올리지 않고, 내 매수 가격도 올리지 않고 산다."
(수량과 가격을 지정한다)

200주를 10,500원에 매수 주문 넣자.

➡ 10,500원에 매도 대기 수량인 100주만큼 매수 체결되고, 나머지 100주 매수 주문은 취소된다.

그림 1-25 보통(IOC)

06

주식 수량을 결정하는 방법

거래하고 싶은 가격이 정해졌을 때, 몇 주를 매매할지 결정할 순간이 온다. 이 때 계산기를 가져오거나 계산기 앱을 켤 필요가 없다. 주식 수량을 결정하는 방법을 알아보자.

그림 1-26 수량 결정 방법

첫 번째 방법은 직접 계산해서 대략적으로 사고 싶은 수량을 입력 또는 선택하는 것이다. 두 번째 방법은 [%]탭을 선택하여 자동으로 계산하도록 할 수 있다. [%]탭을 누르면 10% ~ 100%까지 선택이 가능하다.

예를 들어 계좌에 가지고 있는 현금이 200,000원이라고 하자. 주식을 매수하고자 하는 가격을 23,600원으로 지정가로 선택을 했다. 그리고 계좌에 가진 돈의 50%만 해당 가격으로 주식을 사고 싶을 때, [%]탭에서 50%를 선택해주고, 옆에 '가능'이라는 부분을 누른다. 그러면 자동으로 수량에 4주가 표시될 것이다. 즉, 200,000원의 현금 중에 100,000원으로 23,600원에 살 수 있는 주식의 수는 4주이다. 이런 식으로 가지고 있는 예산 범위 안에서 원하는 수량을 자동으로 계산해 준다.

07

주식 잔고 확인

[주식] - [국내주식] - [계좌]에서 [국내잔고]로 들어가면 일목요연하게 확인할 수 있다. 국내 잔고로 들어가면 현재 매수한 종목명, 매입가, 현재가, 보유한 수량 등을 확인할 수 있다.

먼저 잔고에 나와있는 숫자들이 무엇을 의미하는지 확인해보자.

그림 1-27 주식 잔고 화면

❶ 총 손익 : 그림 하단에 있는 개별종목들의 손익을 모아 현재 주식계좌에서 얼마를 벌고, 얼마를 잃고 있는지 종합해서 보여준다. 아래에서 설명하는 총 평가에서 총 매입을 뺀 금액이다. 금액기준의 손익과 백분율로 표시된 수익률을 함께 보여준다.

❷ 총 매입 : 보유한 개별주식의 총 매입금액의 합을 나타낸다. (매입금액 = 보유주식 수 × 매수가)

❸ 총 평가 : 보유한 개별주식의 현재가치의 합을 나타낸다.

(현재가치 = 보유주식 수 × 현재가)

❹ 실현손익 : 보유한 주식을 오늘 매도한 경우, 실제로 실현된 손익을 나타낸다. 평가손익은 아직 매도하지 하지 않았으므로 실현된 손익이 아니다. 아무리 수익이 많이 났어도 팔기 전까지는 실제 수익이 아니므로, 여기서는 실제 매도했을 경우의 실제 손익만을 알 수 있게 해준다.

❺ 매입가 : 실제 주식을 매수한 가격이다. 같은 종목을 다른 가격에 여러 번 샀다면, 거래량 기준으로 평균한 가격을 보여준다. 예를 들어 삼성전자 주식을 57,000원에 2주를 사고, 58,400원에 2주를 샀다면, 평균 매입가격은 (57,000 × 2 + 58,400 × 2) / 4 = 57,700원이 된다. 그림 1-27처럼 매입가는 57,700원, 보유수량은 4주가 된다.

❻ 현재가 : 현재 시장에서 거래가 되고 있는 가격을 나타낸다. 현재가가 매입가보다 높으면 이익빨간색, 반대면 손실파란색을 나타낸다.

❼ 보유수량 : 현재 보유하고 있는 수량을 나타낸다.

❽ 가능수량 : 주문 가능한 수량을 나타낸다. 예를 들어 보유수량이 100주인데, 50주를 매도 주문으로 내놓았으나 아직 체결되지 않은 상황일 때, 가능수량은 50주로 표시된다.

❾ 평가손익 : 현재가격과 매입가격의 차이를 금액으로 나타낸 지표이다. 현재가격이 매입가격보다 높으면 이익, 낮으면 손실이다. 직관적으로 이익과 손실 금액을 나타내는 부

분으로 (현재가 - 매입가) × 보유수량으로 계산된다. 매입가 57,700원, 보유수량 4주, 현재가격 58,300원이라면, 평가손익은 (58,300 - 57,700) × 4 = 2,400원(이익)이 된다. 거래비용을 감안하면 평가손익은 +1,922원이다. 거래비용과 관련된 내용은 나중에 자세히 알아보자.

⑩ 수익률 : 평가손익을 금액기준이 아닌 백분율로 나타낸 지표이다. 평가손익 / 총매입로 계산된 값이다. 위의 예시로 계산을 해보면, 1,922 / 230,800 × 100 = 0.83 %(이익)이 된다.

잔고까지 확인했다면 여러분들은 이제 주식을 사고 팔 수 있게 된 것이다. 그렇다면 이제 단순 주식 매매가 아닌 투자를 할 수 있도록, 어떤 종목에 어떻게 투자하는지 이 책을 좀 더 읽어 보자.

Check!

교회를 다니지 않는데, 나에게 예수금이란게 있다.

메인 화면에서 [국내주식] - [계좌]에 보면 [예수금]이라는 항목이 있다. 예수금이란 주식거래를 하기위해 주식계좌에 넣어두는 현금을 의미한다. 주식을 매수하기 위한 증거금으로 사용되거나 인출 가능한 금액이다. 일반적인 은행계좌의 예금과 비슷한 용어처럼 보이지만, 예수금에는 일반적으로 이자가 발생하지 않는다. 그래서 은행으로 고객 이탈을 막기 위해 증권사에 따라 CMA에 넣거나, RP라는 상품을 매수해서 이자를 받도록 한다. 또한 예금과는 달리 아무 때나

인출이 안되는 경우도 발생한다.

처음 주식 투자를 하는 경우 주식을 매도하자마자 현금을 인출하려고 했다가 인출이 안되어 낭패를 겪는 경우가 있다. 이는 주식 거래 결제 기간이 당일이 아니기 때문에 발생한다. 그림 1-28에 예수금 창에서 보면 예수금 옆으로 D+1, D+2라는 항목이 있다. 오늘을 D-day라고 했을 때 내일은 D+1, 그 다음날은 D+2 일이다.

주식을 매수하는 경우 매수 대금은 매수하는 날(D-day) 기준 2일 뒤에 지급된다. 반대로 매도하는 경우 역시 매도대금은 매도하는 날(D-day) 기준 2일 뒤에 입금이 된다.

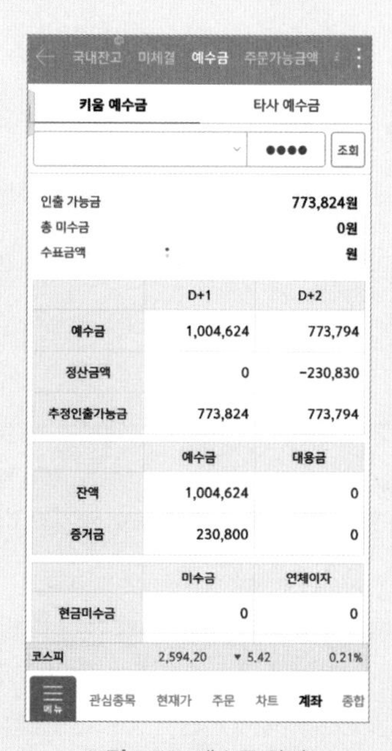

그림 1-28 예수금 화면

예를 들어 현재 계좌에 현금 1,004,624원이 있다고 하자. 오늘 주식 230,800원을 샀다면, 인출 가능금은 바로 773,824원으로 줄어들 것이다. D+1 예수금은 1,004,624원 이겠지만, D+2에는 주식 매수금을 지급하는 날이므로 내 계좌에서는 수수료 포함 230,830원이 빠져나가 773,794원이 된다. 추정인출가능금은 내 총현금에서 아직 지급되지 않았지만 앞으로 지급될 증거금을 제외하고 찾을 수 있는 금액이다. 따라서 D+1 추정인출가능금이 아직 주식 매수금을 실제로 지급하지 않았어도 1,004,624원이 아닌 773,824원이다.
잔액 역시 앞서 설명한 증거금 230,800원이 증거금 항목으로 들어가 있을 것이다.

하루가 지나면 D+1 예수금 금액은 어떻게 될까?

그림 1-29 D+1일차 예수금 화면

그렇다. 773,794원이되고, D+2 금액도 역시 773,794원으로 같아진다. 실제 D+1일차 예수금 잔고 화면은 그림 1-29와 같다.

 Check!

동시도 알고, 호가도 아는데, 동시호가는 무엇인가?

위에서 주식의 시가와 종가에 대해서 설명했다. 그런데 주식시장에서 처음 시작되는 가격(시가)과 마지막에 거래되는 가격(종가)은 일반적인 거래 방식에 의해서 정해지지 않는다.

장중 주식 거래는 체결의 우선 원칙이 있다. 최우선은 가격이 좋을 경우 먼저 체결된다. 가격이 같을 경우는 시간, 즉 먼저 주문을 넣은 것부터 체결이 된다. 가격과 시간이 동일하다면 수량이 많은 것부터 체결된다. 이렇게 보통은 거래할 때 가격 - 시간 - 수량의 원칙에 따라 체결이 되는데, 시가와 종가는 시간우선 원칙이 배제되어 가격과 수량만 일정 시간동안 받아서 동시에 체결하게 된다. 이 시간이 동시호가 시간이다. 원리는 다음과 같다.

매도 거래량	주식 가격	매수 거래량
100	10,010	
80	10,000	
70	9,990	100
	9,980	200
	9,970	50

표 1-5 동시호가 상황 예시

동시호가는 장 시작 전 8:30 ~ 9:00까지 30분 동안, 장 마감 전 15:20 ~ 15:30 10분 동안 개별 주식의 가격과 수량 주문을 모두 받는다. 30분간 받는 가격과 수량을 위와 같이 모아서 체결가능한 가격과 수량을 정한다. 예시 표에서 예상되는 시가(혹은 종가)는 9,990

원이고, 체결되는 수량은 매도하려는 수량과 매수하려는 수량이 같아지는 70주가 될 것이다.

시가와 종가에만 동시호가 제도를 이용하는 이유는 주가가 급변할 가능성이 크기 때문이다. 전날 장 마감 이후에 주가에 영향을 크게 주는 뉴스나 공시가 발표되었다면 다음날 주식거래가 시작할 때 주가의 변동성이 커지게 될 것이다. 악재면 누구나 팔려고 하고 호재면 누구나 사려고 할 것이기 때문이다. 이때의 충격을 동시호가 제도를 통해 상쇄시켜 시가가 결정될 수 있게 한다. 그리고 종가의 경우, 장 마감할 때 그 날 투자자들의 주식 평가손익이 결정되는 순간이고 당일 필요한 거래를 모두 마감하기 위해 거래가 집중될 수 밖에 없는데, 이때 주가 변동성이라는 충격을 동시호가 제도를 통해 어느정도 완화시킬 수 있다.

Part 2

주식 투자를 위한 필수 개념

Intro

아파트 투자는 대한민국에 사는 현대인이라면 누구나 꿈꾸는 투자 대상이다. 과거 상승세가 좋았던 아파트를 보유하여 큰 부자가 되기도 하고, 입지가 좋은 아파트는 여전히 높은 가격을 유지하는 것을 보면 말이다. 그러나 아파트는 초기 투자비용이 클 뿐 아니라 일단 보유하면 팔거나 다시 사는데도 큰 노력과 비용이 필요하다. 이에 비해 주식은 초기 투자비용이 낮고, 사고 파는데 어느정도 자유롭고, 다양한 산업과 기업에 분산 투자함으로써 위험을 상쇄시킬 수 있다.
아파트와 주식의 차이점을 하나 더 생각해보자. 우리가 아파트를 사고 받게 되는 집문서가 집에 대한 소유권을 나타내는 아파트의 주식이라 볼 수 있다. 그러나 아파트의 소유자는 부동산에 대한 소유권만을 가지고 있는데 반해, 주식의 소유자는 회사 자산에 대한 소유권과 동시에 경영활동에 대한 의사결정권(의결권)도 함께 갖게 된다. 또한 주식은 그 소유권을 여러 사람에게 쪼개서 팔 수도 있기 때문에, 가장 많은 지분율을 가진 대주주와 나머지 소액주주가 있다.
이번 장에서는 주식 투자를 위해 기본적으로 알아야 할 개념들을 살펴보자.

01

증권과 주식의 개념적 차이

주식 투자를 하다 보면 증권과 주식을 혼용해서 쓰는 경우가 많은데, 개념적으로는 다소 차이가 있다.

증권Securities은 사전적 의미로 재산상의 권리와 의무에 관한 사항을 기재한 서면이다. 법률상 효력에 따라 유가증권, 증거증권, 면책증권 등으로 나뉘는데, 우리가 증권이라고 하면 대부분 유가증권을 의미한다. 재산상의 권리와 의무 중 재산상의 가치 즉, 가격으로 표시되는(=유가) 증권을 말한다고 보면 되는데, 보통 주식, 채권 등이 있다.

즉, 주식Share, Stock은 증권 중에서 유가증권에 속한다. 회사의 자본을 구성하는 단위이며, 주주가 회사에 돈을 내고(=출자) 받게 되는 지분을 나타낸다. 쉽게 말해서 주식은 회사의 소유권을 의미하며, 주주는 자신이 낸(=출자한) 주식에 대해서만 책임을 진다. 이때의 회사가 '주식회사'의 개념이다. 주식으로 세분화된 일정한 자본을 가진 회사를 우리는 주식회사라고 한다.

주식 거래를 편하게 해주는 곳은 증권회사인데, 증권회사는 주식만이 아니라 채권, 금융상품펀드, 파생상품선물, 옵션 등을 거래하기 때문에 증권회사라고 부른다.

02

주면 좋지만 안 줘도 할 수 없는 '배당'

앞에서 주식을 가지고 있으면 '소유권'과 '의결권'을 갖게 된다고 설명했다. 그리고 또 주주가 갖는 권리가 있는데 바로 '배당'이다. 하지만 배당은 제목처럼 회사가 줄 수도 있고, 안 줄 수도 있다. 주주라면 무조건 가질 수 있는 권리는 아니다.

회사가 운영이 잘되고 이익이 많이 나서 직원들 월급을 주고, 은행 이자도 갚고, 세금도 냈는데 남는 돈(=이익잉여금)이 있으면 회사는 '배당'이라는 것을 통해 주주에게 이익을 나누게 된다. 회사의 경영진은 매년 혹은 매분기 이익 중 얼마를 배정할지 정하게 된다. 보통 대기업의 경우 영업활동에 따른 현금이 풍부해 매년 배당을 실시하는 경우가 많고, 중소기업의 경우 미래 성장을 위해 배당하지 않고, 기업 내부에 현금을 유보해 놓는 경우가 많다. 이런 기업들의 배당을 하는 정도를 '배당성향'이라고 한다.

배당성향은 한해 혹은 한 분기동안 벌어들인 이익 중에서 배당으로 나가는 금액의 비율을 의미한다. '배당금 / 순이익'으로 계산하며 백분율(%)로 나타낸다. 우리나라 기업은 배당에 인색하기로 유명하다. 배당성향이 낮은 이유 중 하나는 대기업들의 소유와 경영이 분리되어 있지 않기 때문이다. 대주주가 경영에 참여하고 있으니 본인들의 급여나 성과급을 많이 책정하고, 배당을 조금 하게 된다. 하지만 이는 장기적으로 봤을 때 주식 가치를 하락시키고, 주주들에게 기업에 대한 부정적인 영향을 심게 된다.

배당과 관련해서 또 알아야 할 용어는 '시가배당률'이다.

시가배당률은 '1주당 배당금 / 주가'로 계산되는데, 주주들의 배당수익률이라고 할 수 있다. 배당주 투자를 위해서는 이 시가배당률이 높은 주식들 위주로 투자하기도 한다.

순위	종목명	시가배당률(%)	주당배당금(원)
1	예스코홀딩스	25.8	8,750
2	인화정공	19.1	2,250
3	한양증권1우	13.6	1,700
4	시알홀딩스	12.5	820
5	엔에이치프라임위탁관리 부동산투자회사	11.8	531

6	크레버스	11.1	2,000
7	정다운	10.7	300
8	한국쉘석유	10.3	25,000
9	마스턴프리미어제1호 위탁관리부동산투자회사	9.5	305
10	대신증권1우	9.2	1,250
11	넥스틸	9.0	700
12	케이탑자기관리부동산 투자회사	8.8	95
13	제이알글로벌위탁관리 부동산투자회사	8.8	385
14	현대엘리베이터	8.8	4,000
15	한샘	8.8	4,500

표 2-1 시가배당률 상위 기업

표 2-1은 우리나라 2023년 기준 시가배당률이 상위인 기업을 나타낸 것이다.

주식을 투자할 때 주식 가격 상승을 통한 수익도 중요하지만, 특히 장기투자 시에는 배당수익률도 중요한 수익의 원천이다. 표에서 보면 예스코홀딩스가 시가배당률 25.8%이다. 이는 배당하는 시점에 예스코홀딩스 1주를 가지고 있으면, 주가가 상승하면 시세차익도 얻고, 추가로 연 수익률 25% 이상을 배당으로도 얻을 수 있다는 말이다. 물론 주식을 보유하고 있으므로 주가의 변동성은 위험으로 감수해야 하지만 이는 주식 투자에 늘 있는 위험이므로, 배당을 통한 추가 수익은 투자자들에게 매력적인 투자로 여겨지고 있다. 그래서 많은 투자자들이 배당주 투자라는 기법을 활용해 투자하고 있다.

03

우선주는 보통주보다 무엇이 우선하는가

일반적으로 주식이라고 하면 보통주를 말한다. 지금까지 설명했듯이 보통주는 기업의 소유권과 배당받을 권리를 나타내는 동시에 기업의 경영에 관여할 수 있는 의결권을 가진다. 의결권은 기업의 중요한 의사결정을 위해 주주총회를 개최할 때, 주당 1표씩 자신의 의사를 표현할 수 있는 권리이다.

우선주는 보통주보다 우선하는 어떤 권리를 주는 대신에 의결권이 없거나 제한하여 발행한다. 우선주는 일반적으로 배당에 있어 보통주보다 우선하는 권리를 가진다. 또한, 기업이 파산하는 경우 잔여 재산에 대해서도 보통주보다 우선하는 권리를 가진다. 즉, 기업의 경영에는 관여하지 않을 테니 이익이 나는 경우 일정한 배당금을 매번 지급하도록 약속된 주식이다. 일정한 현금 배당을 준다는 점은 장기 투자자 입장에서 고정된 현금을 매분기, 혹은 매년 받을 수 있어서 꽤 매력적인 투자로 볼 수 있다. 대신 주식이 호재로 상승할 때 보통주보다는 우선주가 주가가 덜 오르는 경향을 보인다. 우선주 가격 역시 의결권이 없고, 상승 가능성도 낮아 보통주보다는 다소 낮게 평가된다.

그림 2-1은 삼성전자 보통주와 우선주의 주가 움직임을 나타내는 그림이다. 우선주는 종목명 뒤에 '우'라고 표시된다. 그림에서 보듯이 보통주 가격이 우선주보다 높지만 가격의 움직임은 거의 비슷한 것을 알 수 있다.

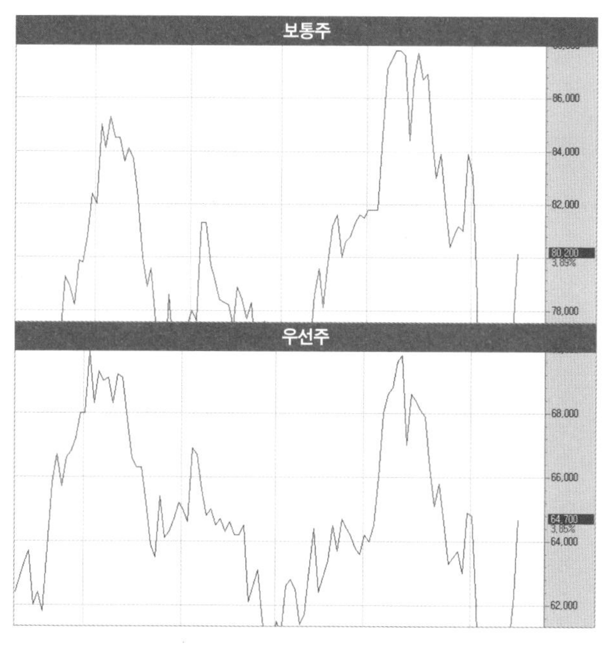

그림 2-1 보통주와 우선주 주가 움직임 차이

우선주는 보통주에 비해 발행량이 상당히 적어 하루에 거래되는 주식의 수가 많지 않다. 이런 거래량이 적다는 점을 노려 주가를 임의로 움직이려는 세력의 표적이 되기도 한다. 일반적인 경우 우선주가 보통주보다 가격의 변동성이 낮지만, 특정 시점에 보통주 대비 우선주의 움직임이 급등락하는 경우도 있는데 이때는 조심할 필요가 있다.

04

기업의 자본과 자본금

주주가 1명인 아이스크림 주식회사를 만든다고 해보자.

아이스크림 주식회사를 설립할 때 필요한 돈이 1억 원이라면, 창업자가 1억 원을 계좌에 입금한다. 이 창업자는 1인 단독 주주가 되고, '회사에 1억 원을 출자했다'라고 한다. 이 1억 원은 출자금이라고도 하는데, 이는 곧 회사의 자본이 되고, 1인 주주는 모든 발행주식 100%를 가지고 있는 대주주가 된다.

아이스크림 주식회사는 회사에 필요한 돈, 즉 자본이 들어왔으니 이제 그 돈으로 땅토지을 사고, 공장건물을 짓고, 기계기계장치, 설비를 들여와 아이스크림을 만들고 팔아서 이익을 창출한다. 이때 회사가 돈을 주고 산 땅, 공장, 기계 등을 '자산'이라고 한다.

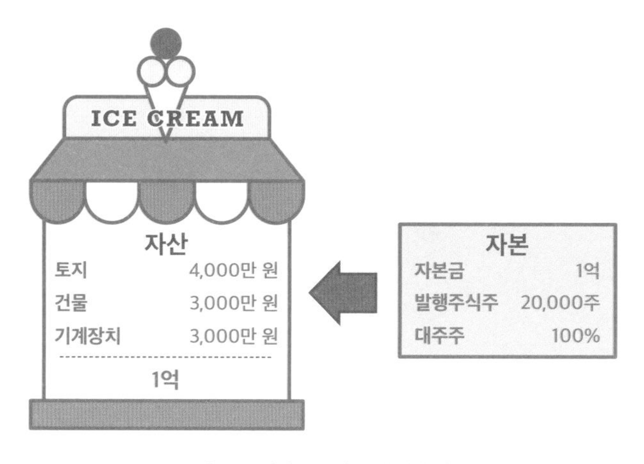

그림 2-2 아이스크림 주식회사 예시

아이스크림 주식회사에서는 부채가 없었지만, 현실에서 '자본'이란 기업의 총자산에서 부채를 빼고 남은 것을 의미한다. 보통 자본은 자본금, 자본잉여금, 자본조정, 기타포괄손익누계액, 이익잉여금, 총 5가지 항목으로 분류된다. 이해를 위해서는 '자본'과 '자본금', 자본잉여금에 포함되는 '주식발행초과금'만 알고 있으면 된다.

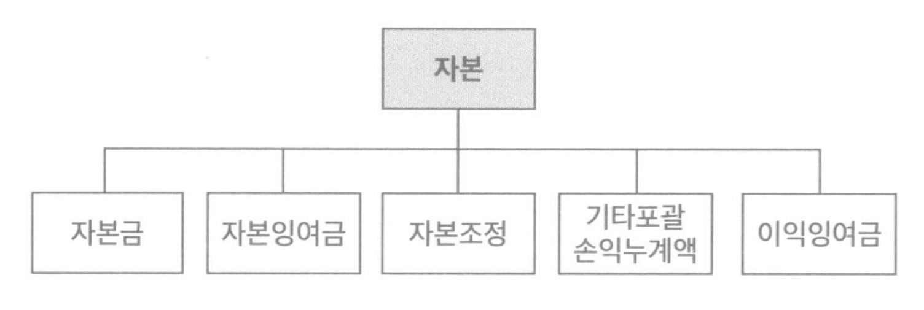

표 2-2 자본의 구성 항목

'자본금'은 기업이 발행한 주식의 액면금액의 합계액을 의미하는 것으로, 단순하게 '주식의 액면가 × 발행주식 수(주식수)'를 한 금액이다. 주식의 액면가는 경제적인 의미가 없는 숫자일 뿐으로 100원 이상으로 정하면 된다. 처음 주식을 발행할 때 액면가로 발행이 되고, 그 이후 주식을 발행하는 가격은 그때의 기업 가치에 따라 달라지게 된다.

앞서 아이스크림 주식회사의 창업 자금 1억 원이 회계장부에 어떻게 반영되는지 살펴보자. 처음 기업이 주식을 발행할 때 우리나라 상법상 액면가를 정해야 한다. 처음 주식을 발행할 때는 이 액면가가 발행가가 된다. 우리는 액면가를 5,000원으로 정했고, 1억 원이 처음 들어오면 1억 = 5,000원 × 20,000주로 계산이 된다. 이때 1억 원 전체가 자본이자 자본금이 된다.

이후에 회사의 자금이 필요하면 새롭게 주식을 발행해서 조달하게 되는데, 이를 유상증자라고 한다. 유상증자는 뒤에 자세히 설명하겠다. 유상증자를 하면 보통 기업의 가치가 올라서, 발행가가 액면가보다 커진다. 같은 1억을 증자하게 되는데, 발행가격은 이전에 5,000원액면가이 아니라 10,000원으로 올랐다고 가정하자. 그러면 1억 = 10,000원 × 10,000주가 발행된다. 이때 자본은 1억 원이 늘어서 총 2억 원이 되지만 자본금은 5,000만 원 = 5,000원(액면가) × 10,000주가 된다. 나머지 5,000만 원은 회계상 '주식발행초과금'액면보다 높게 발행되었을 경우 그 차액에 대한 부분이라고 한다.

즉, '자본 = 자본금 + 주식발행초과금'이 되어서, '2억 = 1억 5,000만 원 + 5,000만 원'이 된다.

자본에 포함되는 회계상 항목은 여러가지가 있지만 다음에 나올 증자와 감자를 이해하기 위해 이정도만 이해하면 된다.

자본	금액
자본금	100,000,000원
주식발행초과금	-
자본 총계	100,000,000원

표 2-3 자본금 계정

유상증자 후

자본	금액
자본금	150,000,000원
주식발행초과금	50,000,000원
자본 총계	200,000,000원

표 2-4 자본금과 주식발행초과금

05

자본을 늘리는 증자와 줄이는 감자

'증자'는 기업이 경영활동 중 자금이 필요할 때 하는 방법 중 하나로 기업의 자본을 증가시킨다고 해서 증자라고 한다. 증자는 새로운 주식이 발행되는데, 이 주식을 새로운 투자자나 기존 투자자가 돈을 내고 사는 경우를 '유상증자', 기존주주에게 돈을 받지 않고 주식만 발행해서 주는 경우를 '무상증자'라고 한다.

1) 증자

기업은 경영활동을 통해 끊임없이 이윤을 추구한다. 경영활동을 위해서는 자금이 투입되어야 하는데 처음에 이 자금은 창업자의 돈자본금으로 시작된다. 경영활동이 지속될수록 더 많은 자금이 필요해지고, 이때 다시 주주를 대상으로 자금을 조달하는데, 이를 '유상증자'라고 한다. 보통 초기의 기업들은 영업활동이 안정화되어 있지 않고, 자산이 크지 않기 때문에 금융기관으로부터 돈을 빌리기 어렵다. 그래서 주로 새로운 주주나 기존 주주를 대상으로 자금을 조달하는 것이다.

유상증자는 크게 3가지 방식이 있다.

- **주주배정 유상증자** : 기존 주주를 대상으로만 유상증자를 하는 방식이다. 기존의 주주에게 신주인수권신주 발행 때 청약할 수 있는 권리을 주고, 원하는 주주만 참여한다. 기업의 경영성과가 좋고, 미래 성장 가능성이 높다면 많은 주주들이 참여하여 원하는 금액을 모두 모집할 수 있다. 참여하는 주주가 많다면, 다른 주주에게는 피해를 주지 않기 때문에 가장 좋은 방식이다.

- **일반공모 유상증자** : 주주가 아니라 일반 대중을 대상으로 유상증자를 하는 방식이다. 주로 기업이 거래소에 상장되어 있는 경우 가능한 방법이다. 전자 공시의 방법으로 유상증자 일정을 공개하여 원하는 투자자가 참여할 수 있다. 일반 공모의 방식으로 발행하는 주식이 많을수록 기존 주주의 지분율이 희석되기 때문에, 기존주주에게 불리하다. 지분율은 '보유주식 / 발행주식'을 통해 간단히 계산할 수 있다. 지분율이 희석된다는 의미를 간단한 상황을 가정해서 알아보자.

어떤 기업의 발행되어 있는 주식이 100주이고, 내가 모두 가지고 있으면 100% 지분율이다. 일반공모 유상증자를 통해서 새로운 주주 100명에게 1주씩 100주가 새로 발행된다면, 나의 지분율은 50%로 감소한다(100주 / (100주+100주) = 50%). 즉, 나는 가만히 있었지만, 새로운 투자자가 들어오면서 나의 지분율이 자연스럽게 감소했다. 그렇다면 내가 가진 주식의 의결권도 줄어들고, 기업의 지배력도 낮아진다. 따라서 외부의 주주가 들어오면 기존 주주는 싫어하게 된다. 그렇지만 기존 주주가 돈이 없어 증자에 참여할 수 없는 경우, 어쩔 수 없이 일반공모의 방식으로 증자를 할 수밖에 없다.

- **제3자배정 유상증자 :** 경영진과 이해관계가 있거나 특수관계에 있는, 주주가 아닌 제3자를 특정하여 유상증자를 하는 방식이다. 현재 대주주가 돈이 없어 증자에 참여하지는 못하지만, 잘 모르는 일반 투자자가 들어와서 경영 지배력이 약해지는 것이 싫을 때, 경영진과 관련 있는 투자자를 섭외하여 증자에 참여시키는 방법이다. 이때도 대주주뿐 아니라 일반 주주도 동일하게 희석되므로 좋을 것은 없다.

유상증자가 주식가격에 호재인지 악재인지는 기업의 상황에 따라 다르게 반응한다. 보통 기업이 영업활동으로 충분히 돈을 벌지 못해 자금이 부족해서 하는 경우라면, 주가에는 악재로 볼 수 있다. 하지만 유상증자 자금으로 추가 투자를 하여 기업의 이익이 개선될 가능성이 높다면, 호재로 작용한다. 따라서 기업의 유상증자 뉴스가 나온다면 현재 기업의 상황을 면밀히 살펴봐야 한다.

'무상증자'는 유상증자와 달리 기업에 새로운 자금이 들어오지 않는데 주식이 발행되는 경우를 의미한다. 이는 사실상 기존 주주에게 주식을 공짜로 나눠 주는 방식이다. 앞서 우리는 새로운 주식(신주)이 발행될 때 액면총액을 자본금이라고 하고, '신주 발행금액 - 액면총액'한 금액을 주식발행초과금이라고 했다. 이 주식발행초과금을 자본잉여금이라고 하는데, 무상증자에는 이를 이용한다. 기업이 성장하면 주식의 가격이 계속 올라가는데, 그때마다 신주를 발행하게 되면, 액면가는 그대로인데, 발행가격은 계속 올라가고, 자본잉여금(주식발행초과금)이 계속 쌓이게 된다. 이를 자본금으로 대체하는 방법이 무상증자이다. 앞의 예를 다시 한번 살펴보자.

자본잉여금의 50,000,000원을 모두 무상증자로 자본금으로 대체한다고 하면, 액면가 5,000원이므로 신주가 10,000주 발행이 된다. 이 주식을 기존의 주주에게 지분율만큼 나눠주고, 자본금이 그만큼 늘어나게 된다.

자본	금액
자본금	150,000,000원
자본잉여금 (주식발행초과금)	50,000,000원
자본 총계	200,000,000원

표 2-5 무상증자 전

무상증자 후

자본	금액
자본금	200,000,000원
자본잉여금 (주식발행초과금)	0원
자본 총계	200,000,000원

표 2-6 무상증자 후

무상증자는 기업으로 새로운 자금이 들어오지 않고, 단순히 회계적인 계정만 변화될 뿐인데, 기존의 주주들은 보유하고 있는 주식이 늘어나는 효과가 있다. 이를 통해 주주가치를 증대시키고, 낮은 주가를 부양시킬 수 있다. 기업은 돈을 쓰지 않고도 주주에게 배당과 유사한 효과를 주어 주주가치를 높일 수 있다. 또한, 발행주식수가 적어 거래량이 적은 종목은 주식 시장에서 인기가 없는데, 발행 주식수를 증가시켜 거래를 활성화시키고 주가를 높일 수도 있다. 따라서 무상증자를 한다는 뉴스는 대체로 주가를 상승시킨다.

2) 감자

기업의 자본금을 늘리는 것을 '증자'라 한다면, 반대로 자본금을 감소(주식수를 감소)시키는 것은 '감자'라고 한다. 감자는 기업이 주주가 가진 주식을 사온다고 볼 수 있는데, 돈을 주고 사오면 '유상감자', 그냥 가져오면 '무상감자'라고 할 수 있다. 사실 주식을 사와서 자본을 줄이는 것은 '자기주식 매입 후 소각'이라고 하는데, 개념적으로 유사하다고 생각하면 된다.

기업의 자본이 크면 기업에서 활용할 수 있는 자금이 많아서 좋다고 느낄 수가 있는데, 그 수준이 너무 크면 있는 자금을 잘 활용하고 있지 못한다고도 볼 수도 있다. 이런 경우 기업은 주주에게 현금을 주면서 자본을 감소시키게 되는데, 이를 '유상감자'라고 한다. 유상감자는 실제 기업의 자산 중에 현금이 줄어들고 자본금도 그만큼 줄어든다. 실제 기업의 자산이 줄어들기 때문에 실질적 감자라고도 부른다. 하지만 기업의 입장에서 앞서 말한대로 자본이 많은 것을 더 선호하기 때문에 주식시장에서는 잘 발생하지 않는다. 사업부 축소사업재편나 합병의 목적이 있는 경우 발생하기도 한다.

기업이 영업활동을 잘해서 이익이 나면 당기순이익이 발생한다. 그중에서 배당하고 남은 금액은 이익잉여금이라는 형태로 자본에 반영된다. 이익잉여금은 매년 누적해서 자본에 합산된다.

표 2-7은 자본계정에서 이익잉여금 20,000,000원이 쌓여있는 경우를 보여준다.

자본	금액
자본	150,000,000원
자본이익잉여금 (주식발행초과금)	50,000,000원
이익잉여금	20,000,000원
자본 총계	170,000,000원

표 2-7 이익잉여금

반면에 이익으로 벌어 놓았던 이익잉여금을 다 까먹고 추가로 손실이 발생하면 결손금이 발생한다. 표 2-8은 결손금 2천만 원이 발생하는 경우 자본항목을 나타낸다. 결손금이 발생하여 자본이 줄어드는 것을 '자본잠식'이라고 한다. 자본잠식이 발생하면 기업의 영업활동에 의문이 생기면서, 주주뿐 아니라 거래소에서도 주시하기 시작한다. 결손금이 더욱 커져 자본이 0이 되면, 이를 '완전 자본잠식'이라고 한다. 완전 자본잠식이 되면, 주식거래가 정지되고, 상장폐지가 될 수 있다. 따라서 기업은 이 결손금을 없애고 싶어하는데, 이를 해결해주는 방법이 무상감자다. 위에서 발생한 2천만 원의 결손금을 자본금으로 줄이면서 대체하는 방법이다. 자본금은 '액면 × 발행주식수'이므로 자본을 줄인다는 의미는 주식수를 줄인다는 것이다. 주식수를 줄인다는 것은 주식을 합치는 것과 동일한 의미이다. 그래서 보통 무상감자는 '보통주 5주를 1주로 합친다'고 표현하기도 한다. 결과적으로 표 2-9와 같이 자본금은 줄어들고, 결손금을 0으로 만들 수 있다. 이때, 주주들은 보유하고 있던 주식이 줄어드는데, 유상감자와 다르게 어떤 보상도 받지 못하므로 주주들에게는 주의가 필요하다. 그래서 보통 무상감자는 주식시장에서는 악재로 작용하나, 기업 입장에서는 무상감자의 결과로 기업의 자본항목이 건실해 보이고 관리종목지정이나 상장폐지를 회피할 수 있다.

자본	금액
자본	170,000,000원
자본잉여금 (주식발행초과금)	50,000,000원
결손금	-20,000,000원
자본 총계	200,000,000원

표 2-8 결손금

감자 후

자본	금액
자본금	150,000,000원
자본잉여금 (주식발행초과금)	50,000,000원
결손금	0원
자본 총계	200,000,000원

표 2-9 감자 후 자본금 계정

06

주가를 모아 놓은 종합주가지수

한국의 종합주가지수를 코스피KOSPI라고 한다. 코스피는 유가증권 시장에 거래되는 모든 주식의 시가총액 수준을 보여주는 지표이다. 현재 주식시장의 규모, 분위기 등을 알려주는 중요한 지표 중 하나이다. 금융시장과 관련된 뉴스를 다룰 때 항상 언급되는 지표이기도 하다. 이 지수를 보면서 오늘 하루 주식 시장이 전반적으로 올랐는지, 내렸는지를 직관적으로 알 수 있다. 개별 종목들은 수가 너무 많아서 시장의 분위기를 파악하기 어려운데, 시장의 전체 평균적인 등락을 보여주기 때문에 많이 이용한다.

주가지수라는 것은 기준이 되는 시점의 가격 대비 현재의 가격이 어느정도 인지를 알려주는 지표이다. 주가지수를 계산하는 방식에는 코스피지수처럼 전체 시가총액을 기준으로 계산하는 방식도 있고, 일부 종목만 따로 빼서 계산하는 방식이 있다.

코스피 지수는 아래와 같이 계산한다.

코스피 지수 = 비교시점의 시가총액 / 기준시점의 시가총액

시가총액 = 현재주가 × 발행주식 수

즉, 코스피 지수는 기준시점인 1980년 1월 4일 당시 시장에 상장된 전체 주식의 시가총액을 100으로 보고 비교시점인 오늘 시장에 상장된 전체 주식의 시가총액의 수준이 얼마인지를 알려준다.

현재시점24.6.30 코스피 지수가 2,750이라면 기준시점부터 54년간 전체 시가총액이 27배 올랐다고 생각할 수 있다.

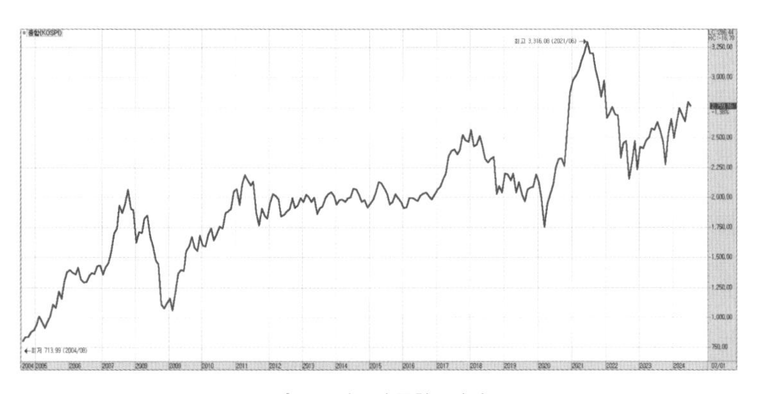

그림 2-3 한국의 종합주가지수

코스피 지수는 위 그림처럼 등락을 계속해 왔고, 역대 최고점은

2021년 6월 16일 3,316.08 포인트였다. 코스피 지수는 시장의 전체 분위기를 알려주기는 너무 많은 종목이 포함되어 있어, 특정 산업의 분위기를 나타내지 못한다. 따라서 여러 세분화된 주가지수들을 많이 사용한다.

예를 들어, 코스피200지수는 유가증권 시장의 전체 종목의 시가총액이 아닌 산업별 최우량 기업 200개의 시가총액을 기준으로 계산하여 산출된다. 작은 종목들의 등락을 제외하여, 시장 움직임의 대표성을 높여서 보여준다. 이 지수를 바탕으로 각 섹터별로 코스피200, 건설/기계, 조선/운송, 철강/소재, 에너지/화학, 정보통신, 금융, 필수소비재, 자유소비재 지수가 계산된다. 특정한 산업별로 주식의 움직임을 따로 확인해 볼 수 있다.

미국의 뉴욕증권거래소를 대표하는 지수를 다우지수라고 한다. 다우지수는 코스피200 지수와 비슷하게 전체 종목이 아니라 주가 대표성을 가진 종목을 고르고, 이들 종목 주가를 단순평균(시가총액이 아니다)해서 기준시점의 평균 주가와 비교하는 방식으로 계산된다. 이렇게 주가지수를 계산하는 방식을 주가 평균식이라고 한다. 다우지수는 '다우존스30 산업평균지수'를 의미하고, 기준시점은 1928년 10월 1일이 기준일이다.

미국의 나스닥 지수는 코스피와 유사하게 전체 시가총액을 기준으로 계산하는데, 시가총액별 가중치를 부여하는 방식을 사용하여 코스피와는 좀 다르게 계산된다. 기준시점은 1971년 2월 5일이다.

또, 금융시장에서 많이 사용하는 S&P500지수가 있다. S&P500지수는 미국의 민간 신용평가회사인 S&P Standard & Poor's가 미국을 대표하는 기업 500개를 선정하여, 발표하는 종합주가지수이다.

닛케이225는 일본 거래소인 닛케이에 상장된 주식 225개 주가의 평균을 계산하여 산출하는 지수이다.

이렇듯 각 지수별 계산하는 방식은 다양한데, 그 이유는 각 시장별 현재의 주가의 움직임을 가장 잘 설명할 수 있는 방식을 고민하여 산출해 내고 있기 때문이다. 위에 언급한 지수들만 대략적으로 알고 있으면, 국내외 시장의 흐름을 쉽게 쫓아 갈 수 있을 것이다.

07

다양한 시장 안정화 방안

주식 시장은 다양한 정보가 넘쳐나고, 많은 수의 투자자들이 실시간으로 매매가 이루어진다. 이때 특정한 뉴스로 인해 시장이 급변하게 되면, 주식가격이 급등락하게 되는데 이때 투자자들이 피해를 볼 가능성이 높아진다. 이를 방지하기 위해 거래소는 다양한 주식 시장안정화 방안들을 마련해 놓고 있다.

1) 가격제한폭

주식 가격이 하루에 변할 수 있는 범위를 제한해 놓았다. 이를 '가격제한폭'이라고 하고, 흔히 '상한가', '하한가'라고 부른다. 현재 우리나라의 가격제한폭은 전일 종가 ±30% 이다.

상한가 = 전일종가 + (전일종가 × 30%)

하한가 = 전일종가 - (전일종가 × 30%)

예를 들어 어떤 주식이 전날 10,000원에 거래가 끝이 났다고 하자. (전일종가 = 10,000원)

상한가 = 10,000 + (10,000 × 30%) = 13,000원

하한가 = 10,000 - (10,000 × 30%) = 7,000원

즉, 해당 주식은 오늘 하루 7,000원부터 13,000원 사이에서만 거래가 가능하다. 이론적으로 보자면 이 주식을 오늘 하한가 7,000원에 사서 13,000원이 된다면 60%나 되는 수익을 올릴 수 있다. 하지만 반대로 60%의 손실도 볼 수 있다는 점을 명심하자.

우리나라, 일본, 대만 등은 주식가격이 제도적으로 올라갈 수 있는 상한과 하한을 제한해 놓고 있는데, 미국과 유럽 시장은 이런 가격제한폭 제도가 없다. 우리나라의 주식시장은 규모가 선진국에 비해 작아 특정 외국인 투자자나 기관투자자에 의해 가격이 임의로 변동될 위험이 높은데 이를 줄이기 위해 도입되었다. 최초에 가격제한폭은 ±5% 수준이었으나 국내 시장의 규모가 커지고 참여 투자자의 폭이 넓어지면서 현재는 30%까지 확대되었다. 이렇게 강제적으로 가격을 제한하는 것에 대해서는 부정적인 견해도 있다. 단기적으로 주식시장의 안정을 꾀할 수는 있지만,

시장의 정보가 주식 가격에 즉각적으로 반영이 되지 않기 때문에 장기적으로 투자자들에게는 손해라고 보기 때문이다. 따라서 미국과 유럽에서는 직접적인 가격 제한보다는 변동성을 완화하는 제도를 통해서 투자자를 보호하고 있다. 우리나라에서 도입한 변동성 완화제도로 '서킷 브레이커'와 '사이드카' 가 있다.

2) 서킷 브레이커Circuit Breakers

서킷 브레이커는 매매거래중단제도라도 하는데, 1987년 10월 미국 주식의 대폭락 사태인 'Black Monday'를 계기로 미국에서 처음 도입이 되었고, 우리나라에서는 같은 해 12월에 가격제한폭을 12%에서 15%로 확대하면서 함께 도입되었다.

서킷 브레이커는 하락률에 따라 단계적으로 발동되는데, 코스피 또는 코스닥 지수가 전일 대비 8% 하락하여 1분간 지속되는 경우 20분간 모든 매매거래를 정지시킨다1단계. 20분 후 거래가 재개되어도 안정되지 않고, 재차 15%까지 하락하면 다시 발동되고2단계, 이후 재개된 후 20% 이상 하락하면 다시 발동된다3단계. 각 단계별로 1회씩만 발동이 되고, 장 종료 40분전14시 50분 이후에는 발동되지 않는다. 모든 매매거래를 전기회로를 차단하듯이 일시에 정지하는 강력한 장치라고 할 수 있다.

우리나라에 서킷 브레이커가 발동된 사례는 다음과 같다(코스피 기준).

일시	저가	종가	사유
2000.04.07	-12.69%	-11.63%	2000년 닷컴 버블의 붕괴
2000.09.18	-12.01%	-8.06%	유가급등으로 인한 미국 증시 급락, 현대그룹 유동성 문제
2001.09.12	-12.21%	-12.02%	미국 9.11 테러 영향
2008.10.24	-11.83%	-10.57%	리먼브라더스 파산, 글로벌 증시 급락
2020.03.13	-8.38%	-3.43%	코로나19 팬데믹 영향
2024.08.05	-10.81%	-8.77%	미국 경기침체 우려, 일본 금리 인상, 중동 전쟁 리스크

표 2-10 서킷 브레이커 발동 사례

서킷 브레이커가 도입된 이래로 발동된 경우는 5번 밖에 안된다(2008년 리먼사태로 인한 하락은 발동조건에 해당하지만 장종료 전이라 실제 발동이 되지는 않았다). 그만큼 서킷 브레이커가 발동이 되었다고 하면, 시장의 불확실성이 크기 때문에 주식 매매에 신중을 기해야 한다.

3) 사이드카Sidecar

사이드카는 '프로그램매매 호가관리제도'라는 어려운 이름으로 불린다. 이를 이해하기 위해서는 프로그램 매매라는 것부터 알아야 하는데, 설명하기에는 어려운 개념이다.

일단 선물 및 옵션 시장에 대해서 알아야 한다. 주식을 현물현재가로 지금 거래되는 상품이라고 하고, 선물/옵션은 이 현물에서 파생되어 나온 상품이라는 의미로 파생상품이라고 부른다. 간단하게 설명하면 파생상품은 현물인 주식을 미래의 정해진 가격으로 사거나 파는 것을 약속하는 것을 의미한다. 프로그램매매는 현물주식과 선물/옵션 가격의 가격차이를 이용해서 컴퓨터에 미리 입력되어 있는 프로그램에 따라 수십 종목에 대해 한꺼번에 매매주문을 내는 것을 말한다. 현물인 주식이 급락하는 경우, 프로그램에 따라 기계적으로 한꺼번에 매도 주문이 발생하게 되면, 주가의 변동성을 더욱 확대시키게 되는데, 이를 방지하기 위해 도입된 것이 사이드카이다.

유가증권시장에서는 코스피200 선물가격이 전일 기준가 대비 5%이상 상승 혹은 하락하여 1분간 지속되는 경우 발동된다.

코스닥시장에서는 코스닥150 선물가격이 전일 기준가 대비 6% 이상 상승 혹은 하락하여 1분간 지속되거나 코스닥150 현물지수가 전일 종가 대비 3% 이상 상승 혹은 하락하여 1분간 지속되는 경우 발동된다.

사이드카가 발동이 되면, 해당시점부터 5분간 접수된 프로그램매매의 호가의 효력을 정지시킨다. 기계적으로 나오던 프로그램의 주식 주문의 효력을 정지시켜 시장의 변동성을 키우는 요인을 일시적으로 제거하여 변동성을 완화시켜준다.

08

주식을 시장에서 사고팔기 위한 첫 단계 '기업공개'

주식시장에서 거래되는 기업을 상장사 혹은 상장회사라고 한다. 이때 말하는 상장이라는 말은 기업을 증권거래소에 등록한다는 의미이다. 기업의 주식을 한국증권거래소에서 자유롭게 사고팔기 위해서는 거래소가 정한 일정 요건을 충족해야 한다. 이 요건을 충족했는지 심사하는 절차를 기업공개 혹은 IPOInitial Public Offering라고 한다.

기업공개IPO는 기업이 거래소에 심사를 받고, 처음으로 일반 투자자를 대상으로 주식을 모집하기 위해 기업의 중요 정보를 법적인 방법을 통해 공개하는 절차를 말한다. 일반 투자자를 대상으로 주식을 발행하는 것을 '공모'라고 한다. 한국에서 기업공개를 통해 상장할 수 있는 시장은 크게 유가증권시장KOSPI과 코스닥시장KOSDAQ 2개가 있다. 유가증권시장은 기업의 규모가 크고, 안정적인 대기업 위주로 상장이 이루어지는 반면, 코스닥 시장은 주로 중소기업이나 벤처기업 같은 규모는 작지만 성장성이 높은 기업들이 주로 상장된다.

기업이 상장을 하는 가장 큰 목적은 원활한 자금 조달에 있다. 증권거래소에서 주식이 거래되면 대규모 기관투자자, 외국인 투자자, 일반 투자자 등 다양한 투자자들이 주식을 사고 팔 수 있게 되면서 유동성이 풍부해진다. 유동성이 풍부해진다는 말은 언제든 보유 주식을 팔아서 현금화할 수 있다는 의미가 되므로, 투자자들이 주식을 살 때 부담이 크게 줄어 든다. 또한 상장을 위해 엄격한 기업공개 절차를 거쳤으므로, 기업의 정보에 신뢰성도 높아진다. 따라서 기업은 상장을 통해 투자자들이 쉽게 주식을 살 수 있게 되고, 주식발행이 쉬워져 자금조달이 원활해진다.

또한 기업은 상장회사라는 타이틀을 가짐으로써 회사의 인지도를 높이고, 직원들의 채용이 쉬워지고, 투자 받기도 쉬워진다.
하지만 상장이 좋기만 한 것은 아니다. 일반 투자자가 주주로 들어오면서, 기업이 지켜야 하는 법과 절차가 강화되는 만큼 빠른 경영의사결정을 하기가 어려워진다. 일반 주주들의 경영압박

이 심해지면 경영권이 약화될 수도 있다. 따라서 흔하지는 않지만 일부 기업의 경우 주주들의 지분을 다시 사들여 상장을 폐지하기도 한다.

상장폐지는 상장된 주식이 상장 자격을 상실하여 취소되는 것을 의미한다. 상장폐지가 되면 더 이상 유가증권시장이나 코스닥시장에서 주식을 거래할 수 없게 된다. 보통 기업의 수익성이 악화되어 감사보고서 의견거절이 나오면서 상장유지 조건을 지키지 못하게 되면 상장폐지가 결정된다. 이후 투자자들은 정리매매를 통해 주식을 정리하게 되는데, 주주들은 엄청난 손실을 보게 된다. 보통 '주식이 휴지조각이 되었다'고 할 때의 상황이다. 엄밀히 말하면 상장폐지가 되더라도 기업이 없어지는 것은 아니기 때문에 완전히 휴지가 된 것은 아니다. 이처럼 상장폐지는 투자자들에게 상당히 큰 피해를 줄 수 있기 때문에 금융당국에서 신경써서 관리한다. 한국거래소는 상장폐지가 될 가능성이 있는 기업을 선정하여 관리종목으로 지정한다. 관리종목으로 지정된 종목을 공개적으로 알려 신규 투자자들이 진입하는 것을 막기 위한 조치이다.

앞서 말한 것처럼 기업의 대주주 입장에서 상장했을 때 이점이 없다고 판단할 때, 자진해서 상장폐지를 하기도 한다. 대주주지분율이 상당히 높아 시장에 거래량이 적고, 주가가 지나치게 낮아

자금조달 유인이 적거나 이익율이 높아 시장에 자금을 조달할 필요가 없는 경우에 주로 발생한다. 이 경우 대주주는 시장에서 공개매수의 방법으로 소액주주의 지분을 매수하게 되는데, 보통 주식시장에서는 호재로 작용한다. 공개매수는 주식의 매수기간, 매수가격 등의 조건을 미리 공개적으로 알려서 불특정 다수의 투자자들을 대상으로 주식을 매수하는 방법을 말한다. 이때 정해지는 매수가격이 현재가격보다 높게 책정되는 것이 보통이기 때문에 상장폐지를 위해 공개매수하는 경우 주가가 상승한다.

09

공모주 투자의 모든 것

공모Public Offering는 '공개모집'의 약자로 앞서 설명했던 기업공개 절차 중에서 가장 핵심적인 과정이다. 공모주는 기업이 주식을 일반 대중에게 공개적으로 모집해 판매하는 주식을 말한다. 상장을 통하여 처음으로 거래소에서 주식을 거래하기 위해서 공모방식을 통해 주식을 발행한다. 이때, 투자자는 새로운 주식에 투자할 기회를 가지게 되며, 처음 발행되기 때문에 일반적인 가격보다 싸게 투자할 수 있다.

공모주는 일반 투자자에게 판매하기 전에 주당 얼마에 발행할지를 정하게 되는데 이를 '공모가'라고 한다. 공모가는 공신력있는 기관에서 기업가치를 계산하고, 시장수요를 분석하여 특정 가격의 범위로 제시가 되고, 수요예측을 통해 최종 공모가가 결정이 된다.

투자자는 공모주에 투자하기 위해 수요예측에 참여하게 되는데, 이 과정을 청약이라고 한다. 청약은 투자자가 새로운 주식을 사겠다고 신청하는 것으로 새로운 아파트를 분양 받기 위해 청약을 하는 것과 동일하다. 다만 아파트 청약에는 청약통장이 필요하지만 공모주 청약을 위해서는 증거금이 필요하다.

공모주에 투자하기 위해서는 일단 어떤 공모주가 있는지 확인해야 한다. 네이버페이증권 사이트에서 확인해 볼 수 있다(https://finance.naver.com/sise/ipo.naver).

증권홈 〉 국내증시 〉 IPO

| IPO(기업공개)

기업이 최초로 외부투자자에게 주식을 공개하는 것으로 한국거래소에 공식상장하는 것을 말합니다.

종목	투자정보
코스닥 미트박스글로벌 공모가 19,000~23,000 업종 기타 정보 서비스업 주관사 미래에셋증권 진행상태 수요예측 ? 개인청약 25.01.13~01.14 상장일 미정	PDF (IPO) 미트박스글로벌 기업개요
코스닥 유안타제17호스팩 공모가 2,000 업종 금융 지원 서비스업 주관사 유안타증권 진행상태 수요예측 ? 개인청약 25.01.13~01.14 상장일 미정	
코스닥 아스테라시스 공모가 4,000~4,600 업종 의료용 기기 제조업 주관사 DB금융투자 진행상태 수요예측 ? 개인청약 25.01.14~01.15 상장일 미정	PDF (IPO) 아스테라시스 기업개요

그림 2-4 네이버증권 IPO

그림 2-4를 보면 지금 진행중인 공모 주식 리스트를 확인해 볼

수 있다. 제일 상단에 있는 미트박스글로벌이라는 기업이 공모를 진행중이고, 주관사는 미래에셋증권이다. 이 기업에 청약을 하고 싶으면 미래에셋증권에 계좌를 개설하고 증거금 납입 후 신청하면 된다. 청약일정 전에 미리 계좌를 만들 것을 추천한다. 일반적으로 개인투자자의 경우 청약 증거금은 청약하고자 하는 금액의 50%를 내면 된다.

청약을 할 때 균등배정과 비례배정이라는 말이 있다. 균등배정은 모든 청약자에게 동일한 기회를 주는 것을 말한다. 증거금을 많이 내든 적게 내든 청약을 신청한 사람 수에 따라 공평하게 나누는 방식이다. 비례배정은 청약한 주식 수에 비례해서 배정하는 방식이다. 공모주식수를 많이 받기위해 증거금을 많이 낼수록 많은 주식을 배정받는다. 비례배정을 계산하기 위해서는 경쟁률을 알아야 한다. 이 경쟁률이 높을수록 투자자의 기대가 높고, 상장 이후 가격 상승 가능성도 높다.

비례배정 경쟁률 = 청약증거금/(비례배정물량 × 공모가)

예를 들어보자. 공모 총주식이 1,000주, 균등배정 50%, 비례배정 50%, 이때 청약을 신청한 사람이 100명신청계좌 100개, 청약증거금은 전체 1,000,000원, 공모가는 100원이라고 하자.

1,000주 중에 균등배정되는 수량은 500주이고, 신청한 사람의 수가 100명이므로 청약에 참가한 사람은 균등배분으로 5주를 배

정받는다.

비례배정 경쟁률은 '1,000,000원 / (500주 × 100원) = 20'이다. 보통 우리는 이 경쟁률을 20:1이라고 표현한다. 만약 투자자가 100주를 청약했다면, 증거금은 5,000원(100주 × 100원 × 50%)이고, 경쟁률이 20:1 이므로 '5주(100 / 20)'를 배정받게 된다. 즉, 청약에 참여한 투자자는 균등배분 5주와 비례배분 5주를 배정받아 총 10주를 얻게 된다. 계산이 좀 헷갈릴 수 있지만 증권사 시스템에서 잘 계산해줄 것이므로 너무 걱정하지 말자.

미트박스글로벌

종목코드	A475460
시장구분	코스닥
업종	기타 정보 서비스업
주요제품	축산물 도소매 판매 및 중개
희망공모가	19,000 ~ 23,000원
확정공모가	19,000원
공모금액	190억원
공모주식수	100만주
기관경쟁률	849.95 : 1
일반청약주식수	25만 ~ 30만주
청약증권사	미래에셋증권

KIND 예비심사청구, 증권신고서 기준

그림 2-5 미트박스글로벌 IPO정보

그림 2-5는 미트박스글로벌의 공모주 관련 정보이다. 공모가

밴드희망공모가가 19,000원 ~ 23,000원인데, 확정 공모가는 하단인 19,000원으로 정해졌다. 희망 공모가 하단에 공모가가 결정되었다는 것은 투자자들이 수요예측 시 가격을 낮게 써냈다는 것을 의미한다. 희망 공모가 밴드가 너무 높아서 투자자들에게 인기가 없었다고 볼 수 있다. 그리고 경쟁률은 849.95:1로 850주를 청약하면 1주 정도를 받을 수 있다는 의미이다.

앞에서 말한대로 기업이 상장을 하기전에 공모가가 정해진다. 이때 정해진 공모가로 상장을 해서 거래소에서 처음 거래가 될 때, 시작가는 최대 공모가의 4배까지 가능하다. 즉, 앞의 예처럼 공모가가 100원이고, 청약을 통해서 내가 10주를 받았다. 이 주식이 상장 첫 거래할 때, 인기가 많아 공모가의 두배 가격인 200원에 첫 거래가 된다면, 거래일에 투자자는 바로 2배의 수익을 얻게 된다는 말이다. 상장 첫날 공모가의 2배로 시작을 해서 그날이 주식의 상한가인 30%까지 상승해서 마감을 하면, 이를 흔히 '따상'이라고 한다. 그 다음날도 상한가를 기록하면 '따따상'이라고 한다.

공모주 투자는 이렇게 높은 수익을 빠르게 올릴 수 있어서 인기가 많다. 시장에 관심과 자금 유동성이 풍부했을 때는 성공률이 높지만, 주식시장이 침체되어 있는 경우에는 상장하려는 기업도 줄어들고, 상장했을 때 오히려 하락하는 경우도 많다. 따라서 시장의 분위기를 잘 파악하고 참여해야 한다.

10

공매도, 주식은 없어도 팔 수 있다.

공매도Short Selling는 현재 주식이 없는 상태에서 그 주식을 매도하여 돈을 받고, 미래 특정시점에 돈을 주고 주식을 매수하여 차익을 남기는 투자 방식이다. 말 그대로 없는 것을 판다는 의미이다. 참고로 공매도를 영어로 Short Selling이라고 하는데, 해외 금융시장에서 자산을 매수하는 것을 Long, 매도하는 것을 Short이라고 표현한다. 우리나라에서는 무차입 공매도는 금지되어 있고, 비슷한 차입공매도(대차매도)만 가능하다. 대차매도는 주식을 빌려와서 매도하는 것으로, 아예 없는 상황에서 파는 무차입 공매도와는 좀 다르다.

예를 들어 어떤 주식이 현재 10,000원에 거래가 되고 있는데,

이 주식을 가지고 있는 곳(기관투자자)에서 빌려서 매도하면, 계좌에 10,000원이 생기고, 나중에 이 주식을 빌려준 곳에 주식으로 갚아야 한다. 이후 주가가 8,000원으로 하락하면, 계좌에 있는 돈으로 주식을 매수하여, 주식을 갚고 나면 2,000원의 이익이 발생한다. 즉, 주가가 하락하면 돈을 버는 방법이다. 우리가 주식을 매수하면 가격 상승만을 노리고, 하락할 것 같으면 매도하여 주식 잔고를 없애는 방법을 썼는데, 대차매도는 한발 더 나아가서 하락하면 이익이 발생하도록 만드는 투자기법이다.

주식을 매수하면 이익의 가능성은 무한대이지만, 손실 가능성은 -100%로 한정된다고 했던 말을 기억하는가? 공매도는 이와 정반대로 하락에 배팅했으므로 이익 가능성은 +100%이지만 주가가 오르면 손실규모는 무한대이므로 상당히 위험한 투자전략이다.

그렇다면 내가 주식을 가지고 있는데, 하락할 것이라고 생각하는 투자자에게 왜 주식을 빌려줄까? 그 이유는 주식을 빌려주는 대신에 이자처럼 수수료를 받기 때문이다. 주식을 매수한 투자자는 어차피 주식이 올라갈 것이라고 생각하는 사람이고, 이 주식을 빌려가는 사람은 하락에 배팅하는 투자자인데 빌려가는 투자자가 손해볼 것이 확실하다고 생각할 것이다. 따라서 주식을 빌려주고 수수료를 받는 것이 이익이다. 빌려가는 사람은 조금의 수수료만 내면 주식 하락에 배팅을 할 수 있기 때문에 서로에게 현재 시점에서는 이익이기 때문에 거래가 성사된다.

이렇게 주식을 매수하고자 하는 사람, 매도하고자 하는 사람이 서로 거래가 일어나기 때문에 공매도 제도가 주식시장의 효율성을 증가시킨다고 말한다. 주식시장은 기본적으로 주식을 매수하거나 주식이 없는 상황이 기본이므로 주식 상승을 위한 정보는 아무런 문제없이 가격에 반영이 된다. 주가가 하락하는 정보는 보유 주식을 매도하는 정도밖에 반영이 안되므로, 공매도가 없으면 주가상승에 대한 정보가 더 많이 반영되어 버블이 발생한다. 이를 방지하고 하락에 대한 정보가 시장에 잘 전달되도록 하기 때문에 공매도가 주식시장의 효율성을 증가시킨다고 본다.

반대로 공매도는 개인보다 기관투자자나 외국인투자자가 접근하기 쉬우므로, 개인투자자에게 손해라는 견해도 있다. 우리나라에서는 주가가 급락할 때 공매도를 금지하는 경우가 있는데 이는 개인투자자 보호를 위해서이다.

Check!

한국거래소(KRX)

우리나라 주식은 모두 한국거래소를 통해서 거래가 된다. 한국 거래소는 주식뿐만 아니라 채권, 파생상품 등의 매매, 대금의 결제, 증권의 상장 등 자본시장에 필요한 다양한 기능을 수행한다. 거래소는 회원제로 운영이 되며, 회원으로는 증권사와 은행으로 구성되어 있다. 우리는 회원사인 증권회사에 계좌를 개설하여 한국거래소를 통해 주식을 매매하게 된다.
한국거래소는 크게 코스피(KOSPI)라고 부르는 유가증권 시장, 코스닥(KOSDAQ) 시장, 코넥스(KONEX) 시장으로 나뉜다.

코스피(KOSPI: KOrea Composite Stock Price Index)는 원래 유가증권 시장에서 거래되는 주식 종목들의 시가총액을 모아놓은 종합주가지수를 이르는 말인데, 지금은 흔히 유가증권 시장 자체를 이르는 말로 쓰인다. 유가증권 시장은 우리나라의 제1증권 시장으로 대부분의 대기업은 여기에 상장되어 있다.

코스닥(KOSDAQ : KOrea Securities Dealers Automated Quotations) 시장은 미국의 나스닥 시장을 본떠 1986년에 거래소를 이용하기 어려운 중소기업이 자본시장을 통해 자금조달을 할 수 있도록 지원하기 위해 설립되었다. 코스닥 시장은 유가증권 시장에 비해 규제가 덜하고, 시장 진입이 자유롭다. 성장가능성이 높은 기업들이 주로 상장되어 있어, 고위험 고수익을 추구하는 시장이라고 할 수 있다. 시장의 특성상 바이오나 테크 기업들이 주로 상장되어 있다.

코넥스(KONEX : KOrea New EXchange) 시장은 초기 중소기업이나 벤처기업들의 성장 지원과 자금조달을 도와주기 위해 2013년에 개설된 시장이다. 엄격한 요건을 갖춘 기업들이 거래되는 유가증권

시장, 코스닥 시장과는 구분되는 제3의 주식시장이다. 우수한 기술력을 보유하고 있으나 업력이 짧고, 매출이 불확실한 초기기업 및 벤처기업들의 자금 조달을 용이하게 해준다. 코넥스 시장은 위 두개 시장 대비 위험이 상당히 높으므로 주로 개인 중 전문투자자나 연기금, 금융회사, 벤처캐피탈 등이 거래에 참여한다.

Part 3

주식 시장을 보는 그림 : 차트

Intro

주식시장이 열리면 주식은 매순간 흔적을 남긴다. 주식이 남기는 가격과 거래량 등의 흔적을 매일, 매시간, 매분 기록하고 정리하여 '차트'라는 그림이 그려진다. 투자자들의 기대와 심리까지 이 그림에 모두 나타난다고 보고, 이를 분석하여 매매 타이밍을 잡는 방법을 '기술적 분석'이라고 한다.

개별 주식의 흔적만 차트로 그리는 것은 아니다. 종합주가지수의 흔적으로 그리는 차트도 있고, 관련 있는 기업의 주가를 모아 한 산업군의 흔적으로 그리는 차트도 있다. 환율 차트도 있고, 금이나 원자재 가격 동향이 그려진 차트도 있다. 차트를 보는 눈을 기르면 주식뿐아니라 다양한 경제 구성 요소들의 동향을 읽고 예측할 수 있는 힘을 기를 수 있다.

그럼 이제 주식시장을 보는 그림인 차트를 한번 이해해보자.

01

차트의 종류

기술적 분석의 기본인 차트를 볼 수 있는 방법부터 알아보자.

차트의 예시는 키움증권 HTS를 기준으로 설명하겠다. 모바일 버전인 MTS로 대략적인 차트는 확인할 수 있지만, 차트의 기능을 잘 활용하기 위해서는 PC버전이 화면도 크고 한 번에 볼 수 있는 정보도 많아서 훨씬 유리하다.

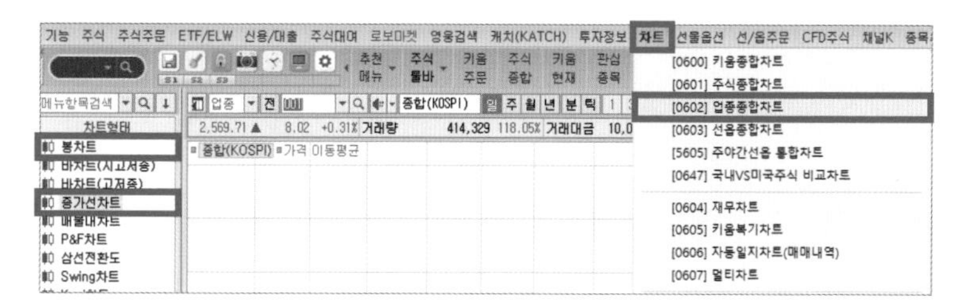

그림 3-1 키움증권 HTS에서 차트 찾는 법

영웅문을 실행하고 [차트] - [업종종합차트]를 선택하면 KOSPI 지수를 차트로 볼 수 있다.

'차트'는 시간의 경과에 따른 주식 가격의 변화를 그래프로 나타낸 것이다. 보통 선으로 된 차트, 캔들봉 모양으로 된 차트 등으로 제공된다. 다음에서 차트의 종류인 선 차트와 캔들봉 차트에 대해 알아보자.

1) 선 차트 Line Chart

선 차트는 가장 간단한 주식 차트 중의 하나이다. 주식의 종가만을 단순하게 선으로 이은 그래프로 긴 시간 동안의 주가 변동을 파악하는데 좋다. '이동평균선'과 같은 보조지표는 주로 선 차트로 그려진다. 제공하는 정보량이 제한적이어서 단기 매매에 이용하기에는 부족하다. '이동평균선'은 『3. 추세를 알려주는 선, 이동평균선』에서 자세히 설명하겠다.

그림 3-1의 좌측 상단 '차트형태'에서 '종가선차트'를 클릭해 보자. 다음과 같은 선 차트를 얻을 수 있다.

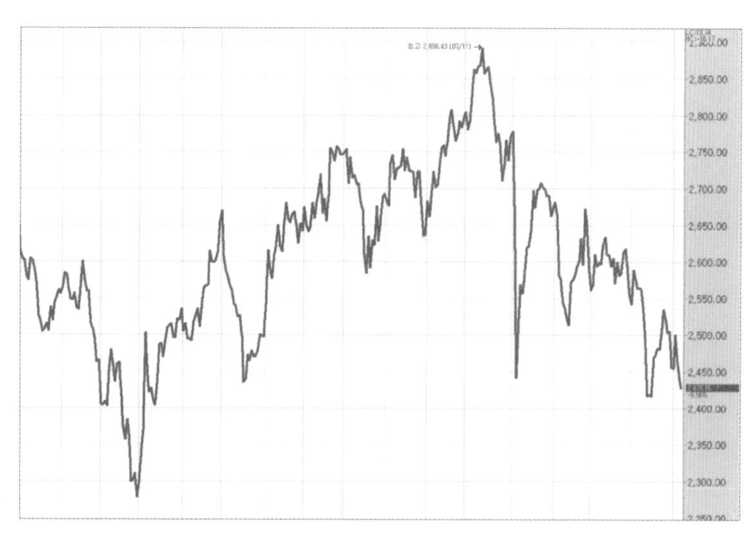

그림 3-2 코스피 종가 선 차트

아래부분가로줄은 시간을 나타내고, 우측세로줄은 코스피KOSPI지수의 해당일 종가를 나타낸다. 23년 8월부터 24년 12월 초까지의 종가를 점으로 찍은 후 그 점을 선으로 이어서 그려진다. 2년이 넘는 기간동안 코스피지수의 변동흐름을 직관적으로 알 수 있다. 우리가 흔히 코스피가 상승을 지속하지도 못하고, 하락도 제한되는 일정한 박스안에 갇혀 있다고 '박스피'라고도 부르는데, 이 그림에서는 대략 2,300 ~ 2,700 포인트 사이 박스에서 움직인다. 코스피가 새로운 좋은 동력을 바탕으로 박스권을 탈출할 수 있기를 기원해본다.

2) 캔들(봉) 차트Candlestick Chart

캔들 차트, 봉 차트라고 불리는 차트로, 모양이 양초 모양이라고 붙은 이름이다. 기술적 분석에서 가장 많이 사용하는 차트로, 특정 시점의 가격의 변화를 캔들의 모양에 집약해서 보여준다. 기술적 분석 도구로 가장 오래된 방식의 지표로 18세기 일본의 혼마 무네히사라는 사람이 발명했다.

그림 3-1의 좌측 상단 '차트형태'에서 '봉차트'를 클릭해 보자.

그림 3-3 코스피 종가 봉 차트

기간을 선차트와 동일하게 선택한 모습인데, 대략적인 모습은 선차트와 비슷하다. 파란색과 빨간색이 조합되어 있는 것 정도의 차이를 보인다. 기간을 최근으로 줄이면 캔들의 모습을 더 크게 확인해 볼 수 있다. 기간을 줄이기 위해서는 차트 가장 하단에 있는 눈금을 클릭하여 좌측으로 옮기면 된다. 우측으로 옮기면 기간이 길어진다.

그림 3-4 봉 차트 확대

자세하게 보면 길다란 막대들이 파란색, 빨간색 봉들이 반복해서 나타난다. 그럼 여기서 캔들봉의 의미를 자세히 알아보자.

02

캔들의 의미

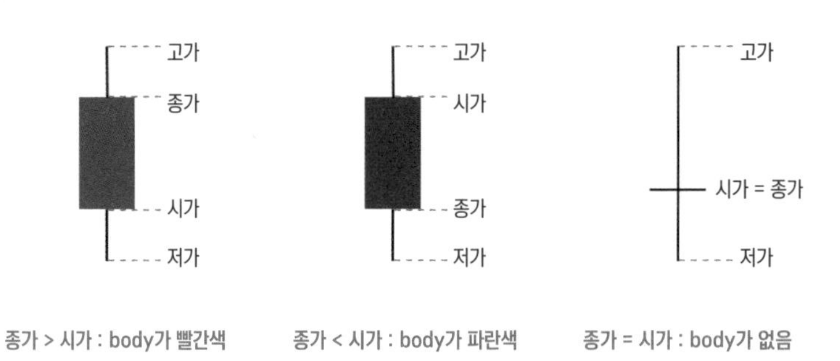

그림 3-5 캔들의 의미

개별 캔들을 확대해보면 위 그림처럼 각각 양초 모양과 비슷하다.

가운데Body 부분은 크게 빨간색, 파란색, 그냥 선의 형태 3가지가 있다. 빨간색을 양봉이라고 하고 파란색을 음봉이라고 한다.

캔들 하나는 하루의 주가 흐름이 나타나 있다. 하루에 시작한 가격시가을 먼저 표시하고, 주가가 하루 종일 등락을 지속한다. 그 날에 가장 높이 올라간 지점고가을 표시하고 가장 낮은 지점저가도 표시해준다. 그리고 장이 끝날 때 가격=종가이 시가보다 높게 있으면 빨간색으로, 시가보다 낮으면 파란색으로 그려진다. 시가와 종가가 같으면 그냥 가로 선으로 표시한다. 캔들은 이 세가지 외에 여러가지 모양이 나타나는데 몇 가지만 더 살펴보자.

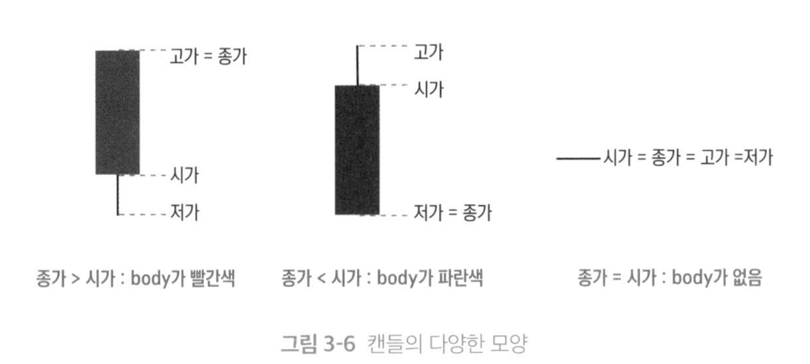

그림 3-6 캔들의 다양한 모양

첫 번째 캔들은 종가가 고가로 끝나는 날, 두 번째 캔들은 종가가 저가로 끝나는 날이고, 마지막 캔들은 시가와 고가, 저가가 모두 같은 날 종가 역시 그 가격으로 끝나는 날이다.

종가가 고가로 끝났다는 것은 어떤 의미가 있을까?

어떤 주식이 장 시작과 동시에 평범하게 시작했다가, 장중에 아주 우호적인 뉴스가 나온 경우, 주가가 시가보다 오르면서 빨간색의 몸통이 길어진다. 장중 내내 강한 매수세가 유입이 되면서 주가가 시가보다 하락하지 않고, 장이 마감할 때까지 기세를 잃지 않고 종가 역시 고가로 끝이 났다. 이 경우, 그 다음날 주가도 강한 흐름을 보일 가능성이 높다. 왜냐하면 장이 끝날 때까지 이 주식을 사고자 하는 투자자들이 많았다는 의미이고 사지 못한 투자자들은 다음날 계속 매수를 할 가능성이 높기 때문이다.

반대로 종가가 저가로 끝났다는 것은, 장중에 나온 비우호적인 뉴스로 매도세가 강한 경우이다. 파란색의 몸통이 길어지면 결국 종가가 시가보다 낮은 저가로 끝이 났다. 팔고 싶어하던 투자자들이 많았는데 다 팔지 못했으므로 다음날 역시 매도세가 이어질 가능성이 높다.

그렇다면 세 번째 캔들인 '시가 = 종가 = 고가 = 저가'인 경우는 어떤 경우일까?

이때는 우리가 흔히 '점상' 혹은 '점하'라고 부르는 상황이다. 주식의 가격이 하루에 움직일 수 있는 가격제한폭은 '-30% ~ +30%'이다. 하루에 그 이상 혹은 그 이하로 갈수가 없다. 그런데 주식 시장이 시작하기 전에 아주 우호적인 뉴스가 나온다면, 그 주식은 시작하자마자 30%상한가가 상승하여 더이상 움직이지 않는 경우가 발생한다. 이때는 사고 싶은 투자자는 엄청 많은데, 파는 사람이 없거나 소수여서, 가격이 전혀 움직임이 없게 된다. 이런 상황에서 장이 끝나면, 그 다음날도 강하게 상승할 가능성이 높다. '점상'의 경우면, 다음날도 상한가로 시작할 확률이 크다.

그림 3-7 점상 차트

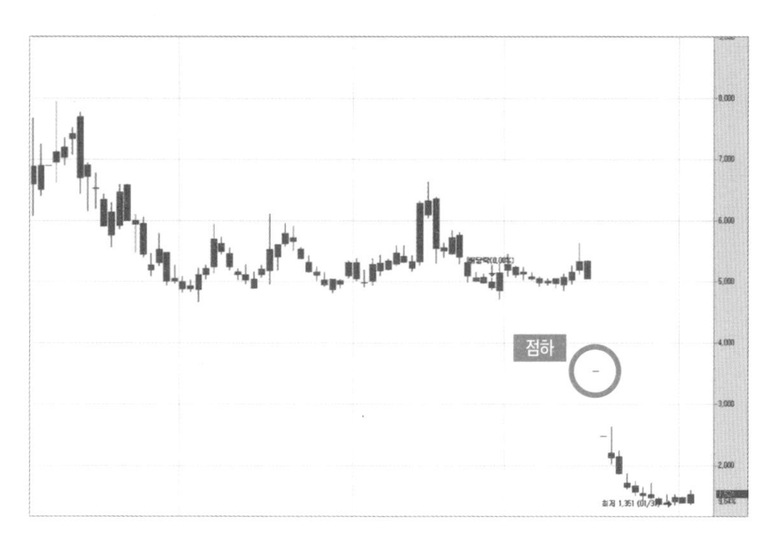

그림 3-8 점하 차트

반대로 장 시작전에 아주 비우호적인 뉴스가 나온다면, 하한가로 시작을 하고 더 이상 가격이 움직이지 않는 경우가 발생한다. 이때는 팔고자 하는 사람은 너무나 많은데, 사는 사람은 거의 없어 장이 끝날 때까지 주가가 움직이지 않는다. 이 경우에는 다음날도 팔고자 하는 사람이 많아지면서 계속 하락할 가능성이 높아진다.

이 두 가지 경우 말고 정말 우연히 시가, 고가, 저가, 종가가 같은 경우도 발생할 수도 있다.

이렇든 캔들 자체만으로도 상당히 많은 정보를 내포하고 있다. 개별 캔들만이 아니라 여러 기간 동안의 캔들을 분석하면 더 많은 정보를 예측할 수 있고, 이것이 기술적 분석의 기본이다.

1) 캔들의 다양한 모양

주가가 상당 기간 상승을 하는 경우 상승추세에 있다고 하고, 상당기간 하락을 하는 경우 하락추세에 있다고 한다. 이런 추세가 전환될 것을 예상할 수 있으면 높은 투자 수익을 올릴 수가 있다. 하락추세에서 상승전환을 예측할 수 있으면 저가매수를 통해 투자 비중을 확대하고, 반대로 하락추세로 전환이 예상되면 주식을 매도해 차익을 실현할 수 있기 때문이다. 따라서 캔들을 통해 추세 전환과 관련된 모양을 알아보고, 내가 보는 종목의 차트에서 적용해보자.

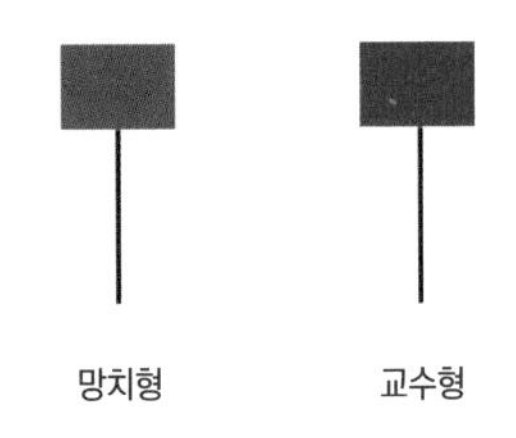

그림 3-9 망치형 / 교수형 캔들

우산모양의 캔들인데, 몸통보다 2배 정도 긴 꼬리가 특징이다. 둘 모두 강한 추세전환의 신호로 받아들여 진다. 지속되는 하락추세에서 망치형이 나타나면 강한 상승전환 신호이다. 하락추세 속에서 매도세가 강하게 나오다가 장중에 저가 매수세력이 등장하여 주가를 끌어올리는 패턴으로 단기적으로 주가 하락폭이 과다하여 반등이 예상된다. 교수형은 반대로 상승추세에서 나타나면 강한 하락전환 신호이다. 계속되는 주가 상승에 대한 부담과 이익실현을 위한 매도세가 일시적으로 나타나며 긴 꼬리를 만들었지만 상승추세의 힘에 의해 종가는 저가보다 많이 올라간 모습이다. 다음날 흐름에 따라 향후 하락추세로 전환이 예상된다.

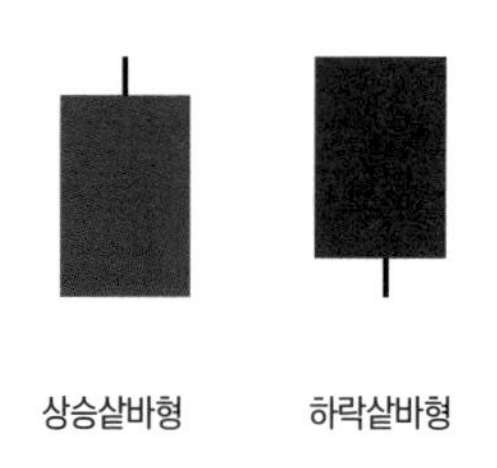

그림 3-10 상승샅바형 / 하락샅바형 캔들

상승샅바형은 하락추세에서 저가로 시작하여 긴 몸통장대양봉을 만들며 상승하다 종가에서 살짝 밀리며 위쪽으로 작은 꼬리를 만드는 패턴이다. 상승샅바형이 나온 다음날 종가가 샅바형 시가 위에서 형성되면 상승추세로 전환 신호가 강해지고, 다음날 종가가 샅바형 시가 아래에 형성되면 추세 전환이 되지 못하고 재차 하락할 가능성이 높다.

하락샅바형은 상승추세에서 고가로 시작하여 긴 몸통장대음봉을 만들며 하락하다 종가에서 살짝 들어올려 아래쪽으로 작은 꼬리를 만드는 모양이다. 이 역시 다음날 종가가 샅바형 시가보다 아래에 형성되면 주가의 하락 전환이 예상된다.

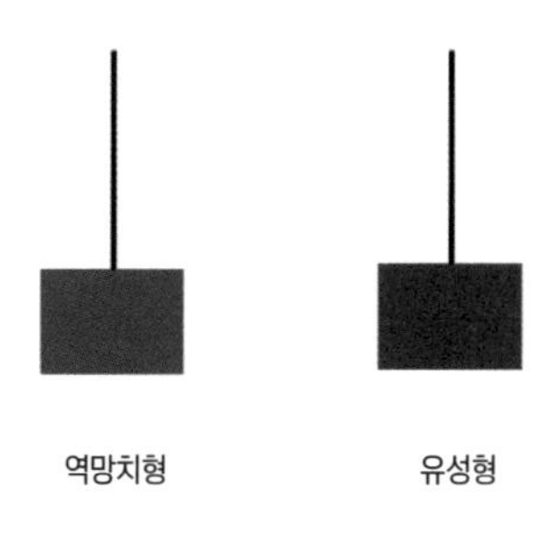

그림 3-11 역망치형 / 유성형 캔들

그림 3-11은 우산패턴과 반대모양의 캔들이다. 위쪽으로 긴꼬리와 작은 몸통이 특징이다. 역망치형은 하락추세에서 나타나면 상승추세로의 전환 가능성이 높지만, 망치형보다 확률은 다소 떨어진다. 망치형에 비해 저가 매수세력의 힘이 강하지 않기 때문이다. 다음날 종가가 전일 종가보다 위에 있을 때, 추세 전환 가능성이 높다고 판단한다.

유성형은 주가가 상승추세에서 고점을 인식했거나, 차익실현 매물이 강하게 유입되며 주가가 하락추세로 전환되는 신호이다. 역망치형보다 유성형이 추세전환의 신뢰도가 높다.

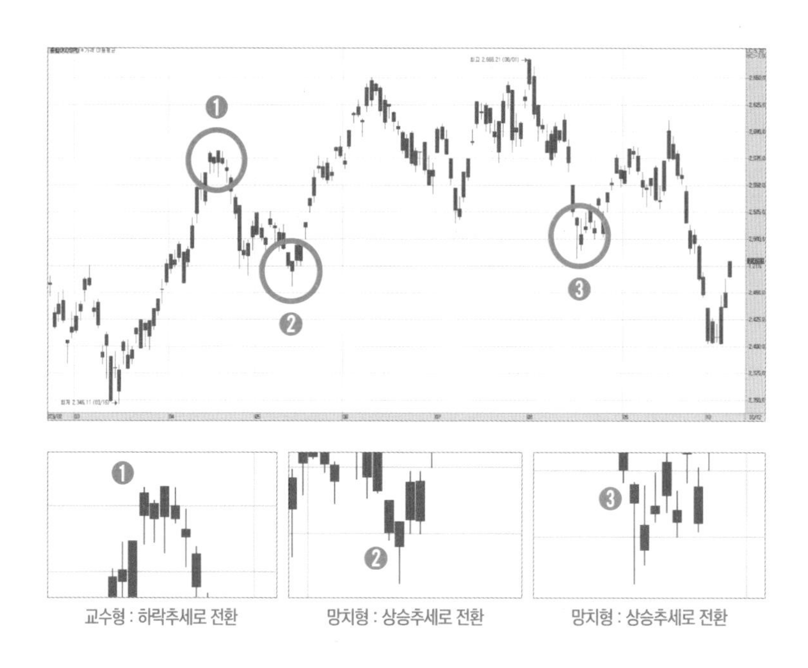

그림 3-12 차트에서 보여지는 다양한 캔들

03

추세를 알려주는 선, 이동평균선

이동평균선Moving Average이란, 매일의 주가 움직임을 특정기간의 평균값을 계산하여 그 값을 이은 선이다. 매 순간의 주식가격을 관찰하면 상승하는 추세인지, 하락하는 추세인지를 확실하게 구분하기 어렵다. 매일의 가격변동이 심하기 때문인데, 주가를 평균으로 계산하여 가격의 극단적인 변화를 줄여주면 추세를 좀 더 명확하게 판단할 수 있게 해준다. 실제 통계분석에도 널리 사용되는 기법인데, J.E 그랜빌에 의해 주식가격 분석에 이용되기 시작했고, 그 방법론을 '그랜빌의 법칙'이라고 한다. 캔들 차트와 함께 기술적 분석에 가장 많이 이용된다.

평균은 평균인데, 왜 이동되는 평균이라고 할까? 실제 5일의 이동평균 값을 계산하여 알아보자.

일자	1	2	3	4	5	6	7	8	9
주가	100	125	110	115	130	135	133	147	150
이동평균 (5일)					116	123	124.6	132	139

표 3-1 이동평균 값 계산표

첫날부터 5일까지의 평균을 구하면 5일차 평균은 116이 되고, 6일차에는 2일에서 6일까지 5일의 평균을 구해 123이 된다. 이런 식으로 계산의 근거가 되는 자료가 계속 이동하기 때문에, 이동평균이라고 부른다. 이 값들은 개별일의 주가 변동보다 변동폭이 줄어든다. 개별 주가를 보면 등락을 거듭하는 것으로 보이지만 이동평균값들은 확실히 상승 추세를 보여준다. 이 값들을 선으로 이으면 이동평균선이 된다.

기술적 분석에 이용되는 이동평균선은 크게 세가지로 나뉜다. '단기 이동평균선'과 '중기 이동평균선', '장기 이동평균선'이다. 단기 이동평균선은 5일[1주], 10일[2주], 20일[1개월] 선을 말하고, 중기 이동평균선은 60일[3개월], 장기 이동평균선은 120일[6개월] 이상을 의미한다. 각각 단기, 중기, 장기 추세 파악을 하는데 도움이 된다.

그림 3-13 이동평균선과 캔들 차트 혼합

기본 캔들 차트에 이동평균선 5, 10, 20, 60, 120일 선을 추가한 모습이다. 평균기간이 길어질수록 이동평균선의 곡선이 완만해지는데, 이 성질을 이용하여 기술적 분석에 이용한다.

1) 이동평균선의 배열로 확인하는 추세

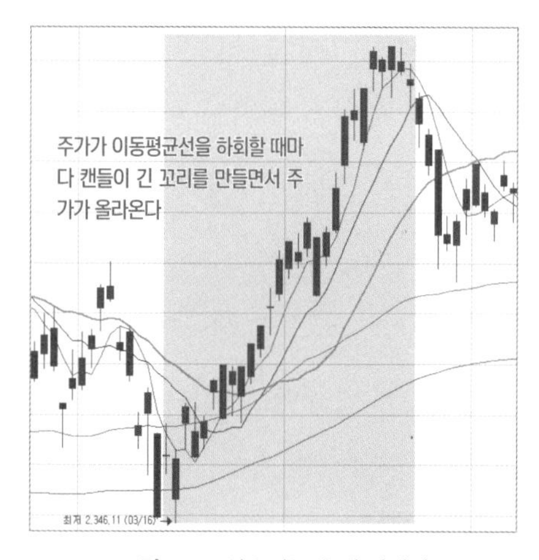

그림 3-14 상승하는 추세 정배열

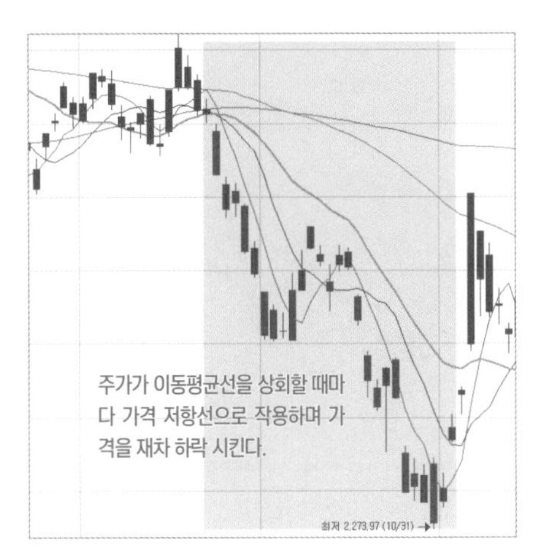

그림 3-15 하락하는 추세 역배열

이동평균선은 매일의 가격에 대응한 추세를 보여주는 선이라고 했다. 만약 주가가 상승하는 추세에 있다면, 캔들이 모든 선들의 위에 있고, 5, 10, 20, 60, 120일선이 차례로 배열된다. 이를 정배열 상태라고 한다.

주가가 상승추세 있을 때는 주가가 이동평균선을 깨고 내려가기가 쉽지가 않다. 그래서 이동평균선이 가격을 더이상 하락하지 않도록 심리적 지지선 역할을 하기도 한다. 일시적으로 깨고 내려가더라도 다시 올라올 정도로 상승추세를 유지하려는 경향이 생겨난다.

주가가 하락하는 추세에 있으면 캔들이 모든 선들의 아래에 있고, 5, 10, 20, 60, 120일 선들이 차례로 위치하는데 이를 역배열 상태라고 한다.

주가가 하락하는 추세에 있을 때는 주식 가격이 이동평균선을 뚫고 올라가기가 쉽지가 않다. 이동평균선 근처까지 상승하면 주가가 재차 하락하는 모습을 보이는데, 이를 보고 이동평균선이 저항선 역할을 한다고 한다.

2) 이동평균선을 이용한 매매

기술적 분석의 목표는 주가의 추세 전환을 파악하여 매매에 활용하는데 있다. 캔들 차트 역시 추세 전환의 신호로 파악하는 것이 중요했는데, 이동평균선과 함께 활용하면 좀 더 정확한 추세를 파악할 수 있다.

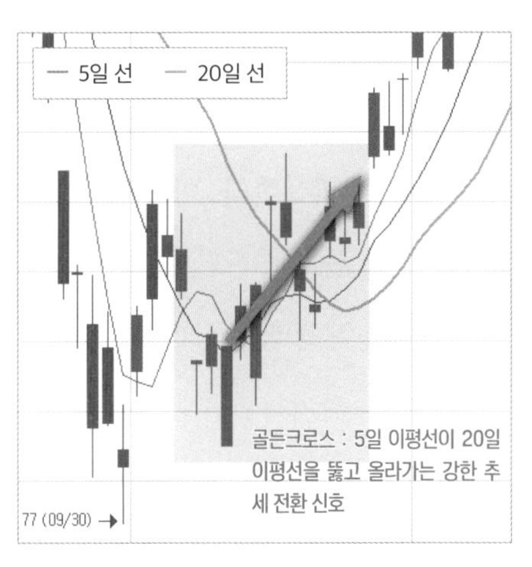

그림 3-16 골든크로스

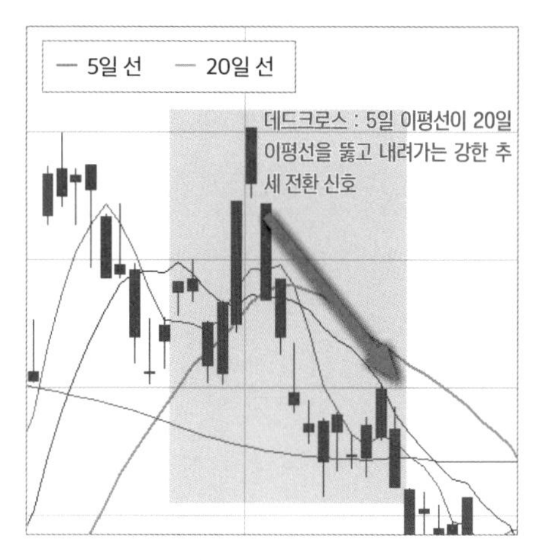

그림 3-17 데드크로스

앞에서 하락 추세일 경우 역배열 상태라고 했는데, 단기 이동평균선이 장기 이동평균선 아래에 위치하고 있다. 그런데 하락을 멈추고 점차 상승하게 되면 단기 이동평균선이 장기 이동평균선을 뚫고 올라가는 경우가 발생한다. 이를 '골든크로스'라고 하고 강한 상승 추세로의 전환 신호로 판단한다.

반대로 상승 추세일 경우 정배열 상태를 주가가 상승을 멈추고 하락하게 되면 가장 위에 위치하던 단기 이동평균선이 장기 이동평균선을 위에서 아래로 뚫고 내려가는 경우가 발생한다. 이를 '데드크로스'라고 하고 강한 하락 추세로의 전환 신호를 의미한다.

04

가격만 보면 하수, 거래량을 보면 고수

주식을 사고 팔 때 직접적으로 알 수 있는 지표는 두 가지인데, 하나는 가격이고, 하나는 거래량이다. 주식의 가격은 사거나 팔고자하는 각각의 가격과 거래량에 의해 결정된다. 따라서 이 거래량 자체도 기술적 분석에 중요한 지표 중 하나다. 그래서 주식투자의 하수들은 주가인 가격만 보지만, 진정한 투자의 고수들은 거래량도 항상 확인하는 것이다. 대부분의 증권사 차트 화면을 실행하면, 기본적으로 다음과 같이 3가지를 동시에 보여준다. 바로 캔들 차트, 이동평균선 그리고 거래량이다. 가장 하단에 있는 막대 그래프를 거래량 그래프라고 한다.

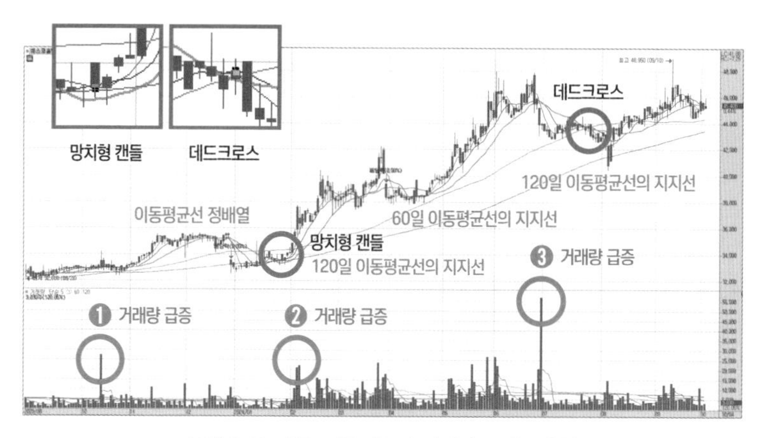

그림 3-18 캔들, 이동평균선, 거래량 그래프 혼합

거래량, 즉 하단의 막대 그래프를 보면 빨간색과 파란색이 있다. 전일보다 거래량이 늘었으면 빨간색, 거래량이 줄었으면 파란색으로 표시한다. 거래량 지표에서는 색깔보다는 크기 자체가 중요하다. 위 그래프에서 거래량이 급증한 곳을 동그라미로 표시했다. 가격 급변과 함께 거래량이 늘어난 곳은 중요한 신호로 인식된다. 거래량이 많다는 것은 사고파는 사람들이 많다는 말이고 투자자들의 관심도 많다는 말이다. 반대로 거래량이 적다는 것은 투자자들의 관심이 별로 없다는 것이다.

이렇게 거래량 자체로 투자자들의 관심도를 알 수 있는데, 투자를 할 때는 어느정도 거래량 있는 종목을 위주로 투자를 시작하는 것이 좋다. 투자자들의 관심이 많으면 증권사에서도 관심을 많이 보이기 때문에 관련된 정보들이 제공되고 공시된다. 그리고 보유한 주식을 추후에 매도하는 경우도 누군가 사줘야 팔 것이 아닌가. 거래가 활발한 종목은 시장에서 인기있는 종목인 것이다. 그렇다면 위 그림에서 동그라미 쳐진 거래량 급증 구간의 의미를 캔들, 이동평균선과 함께 더 자세히 알아보자.

❶ 먼저 첫 번째 거래량이 급증한 곳이다. 그림 3-18의 캔들 차트를 보면 큰 폭의 가격 상승은 없었다. 위쪽으로 긴 꼬리를 달면서 가격의 상승은 미미했으나 거래량의 증가로 새로운 투자 세력이 진입했다고 판단할 수 있다. 그리고 오랫동안 가격변화가 적어 이동평균선들이 모두 모여 있는데, 이는 주가가 상승하기 위한 힘을 비축하고 있다고 이야기하기도 한다. 그 이후 주가는 상승하였고, 이동평균선은 서로 벌어지면서 자연스러운 정배열 상태가 되었다. 시간이 흐른 뒤에 알 수 있는 사실이지만, 120일 장기 이동평균선을 보면 이때부터 긴 상승추세의 시작임을 확인할 수 있다.

❷ 두 번째 거래량이 급증한 구간을 보면, 캔들 차트에서 강력한 상승 추세 전환 신호인 망치형이 함께 나타난다. 망치형 캔들이 거래량 증가와 함께 나타나면 더 신뢰도가 높은 신호가 된다. 주가 조정기에 저가 매수세가 유입되며 단기 상승 추세로 전환되었다. 20일 이동평균선은 120일 이동평균선을 만나 가격이 지지되면서 상승전환되었다. 이 시기에는 캔들, 이동평균선, 거래량 모두 강하게 상승 전환 신호를 나타낸다.

❸ 세 번째 거래량이 급증한 구간은 상승 추세에서 발생했다. 캔들이 장대 음봉으로 나오면서, 주식 고점에서 이미 수익을 많이 본 주식 보유자들이 이제 그만 팔아야지라고 생각하는 차익실현 매도세가 나왔고, 그 와중에 거래량이 급증했다. 이후 20일 이동평균선이 60일 이동평균선을 뚫고 내려가면서 데드크로스가 나왔고, 하락추세가 강화되었다.

과거의 주가들이 만들어낸 캔들과 이동평균선과 거래량 막대 그래프, 이렇게 단순한 그림 하나로 이렇게 많은 것을 예상하고 분석할 수 있다니, 정말 재밌지 않은가?

과거 추세를 읽을 수 있으면 앞으로 미래의 추세도 예상할 수 있는 능력이 생긴다. 물론 과거가 항상 미래에도 반복된다고 할 수는 없기에, 주가는 상황에 따라 늘 다양하게 움직이는 생명체 같아서 예측은 100% 현실이 되진 않는다. 하지만 소위 '묻지마 투자'같이 누군가에게 들은 정보에만 의지해 무조건 투자하고 큰 손실을 보는 것보다, 내가 가진 지식과 혜안의 필터로 한 번쯤은 걸러진 투자라면, 지금 당장은 손해를 보더라도 앞으로의 더 큰 수익에 한발짝 다가가는 투자가 되지 않을까?

 Check!

차트 속 수많은 캔들 중에 알아두면 도움되는 캔들의 패턴

차트를 보면 하루하루의 주가가 캔들 하나씩 표현되어 큰 흐름을 만든다. 본문에서 캔들의 의미와 다양한 패턴을 알아보았는데, 몇 가지 캔들이 모아지면 우리에게 뭔가 의미를 주는 경우가 있다. 주식을 사기 전이나 보유한 주식을 팔기 전, 차트를 보면서 주가를 예측해 보자. 아마 수많은 캔들 중 나에게로 와서 미래의 주가를 알려주는 캔들이 있을 것이다.

잉태형 캔들

긴 캔들이 작은 캔들을 품고 있는 모양이라 잉태형이라고 부른다. 잉태형은 추세의 전환을 나타내는 대표적인 형태로 상승잉태형과 하락잉태형이 있다.

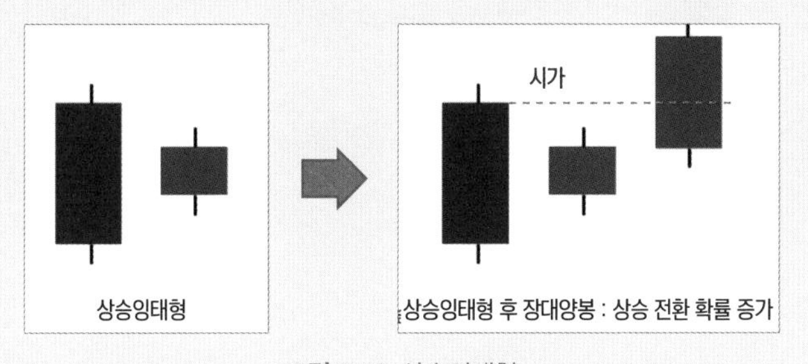

그림 3-19 상승잉태형

상승잉태형은 장대음봉 다음날 작은 양봉이 나타나는 모양이다. 둘째 날 양봉은 전날 종가보다 높은 시가로 시작하나 상승폭이 미미해 첫째날의 시가를 넘지는 못하는 모양이다. 이 상태만으로도 상승전환 가능성이 있다고 볼 수 있지만, 셋째 날 장대양봉이 나타나면서, 첫째 날 시가를 돌파하면 더욱 강한 상승전화 추세라고 판단할 수 있다. 셋째 날 거래량이 크게 증가하면 신뢰도는 더 높아지며, 앞으로의 주가는 상승한다고 볼 수 있다.

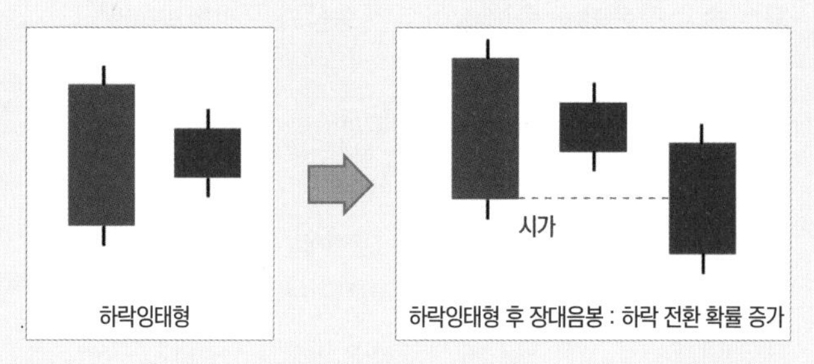

그림 3-20 하락잉태형

하락잉태형은 장대양봉 다음날 작은 음봉이 나타나는 모양이다. 둘째 날 시가는 전날 종가보다 하락해서 시작하지만 하락폭은 작고, 종가는 전날 시가보다는 높게 형성된다. 이런 캔들이 나타나면 하락전환 신호로 해석할 수 있는데, 셋째 날에 장대음봉이 나타나면서 첫째 날 시가를 강하게 하향 돌파하면 강력한 하락전환 신호라고 판단할 수 있다. 거래량이 동반되면 신뢰도는 높아지므로, 앞으로의 주가가 하락할 가능성이 크다는 것을 알아두자.

장악형 캔들

둘째 날 캔들이 첫째 날 캔들을 감싸는 모양을 장악형이라고 한다.

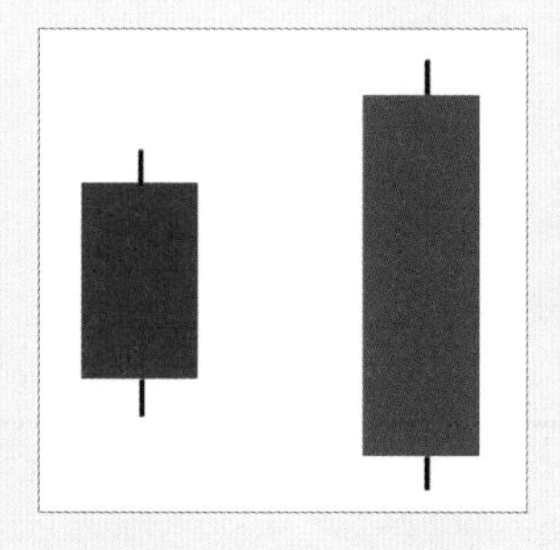

그림 3-21 상승장악형

상승장악형은 하락추세에서 형성되는 패턴인데, 첫째 날 음봉을 둘째 날의 장대양봉이 감싸는 형태가 나타난다. 그동안의 하락추세에서 상승추세로 전환이 예상된다. 보유하던 주식이 항상 손해를 봤다가 이 모양 차트가 보이면, 이제 희망을 가져볼 만하다.

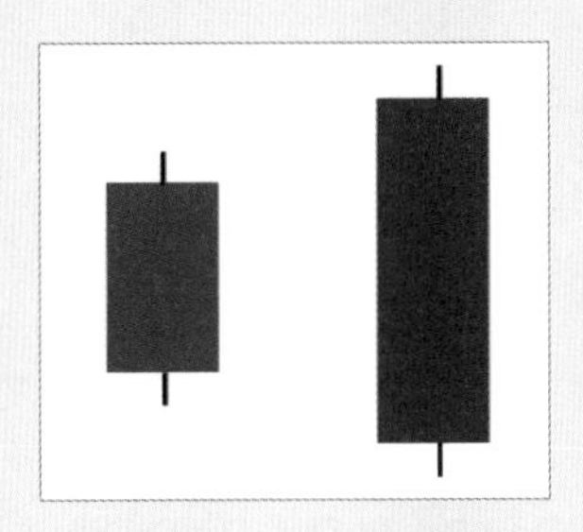

그림 3-22 하락장악형

하락장악형은 상승추세에서 형성되는 패턴인데, 첫째 날 양봉을 둘째 날의 장대음봉이 감싸는 형태가 나타난다. 그동안의 상승추세에서 하락추세로 전환이 예상된다. 주가의 하락이 예상되면, 보유하던 주식을 빠르게 매도해 보자.

샛별/석별형 캔들

이름도 예쁜 샛별형 캔들을 알아보자. 대표적인 상승전환 패턴으로 하락추세 중 장대음봉이 나타나고 다음 날 갭하락(전일 종가 대비 큰 폭으로 하락)하지만 종가는 소폭 상승하여 마감한다. 그리고 그 다음 날 큰 폭으로 상승하며 장대 양봉을 나타내면, 강력한 상승전환 신호로 볼 수 있다. 다음날 차트에도 샛별같이 좋은 주가 상승을 기대해 볼 수 있겠다.

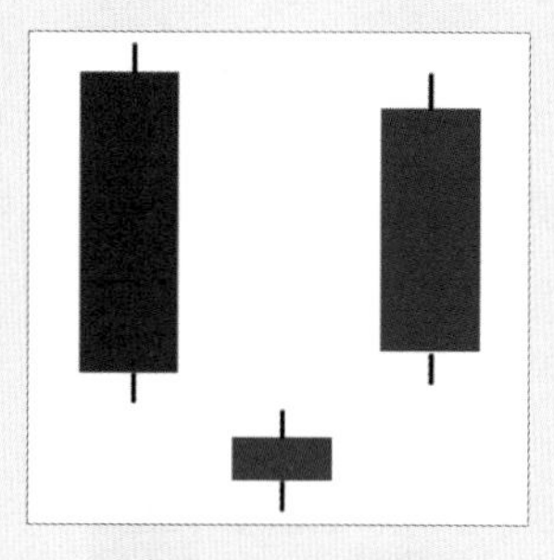

그림 3-23 샛별형 캔들

석별형은 샛별형과 반대로, 상승추세 중에 장대양봉이 나타나고, 다음날 갭상승(전일 종가대비 큰 폭의 상승)하지만 종가는 소폭 하락하여 마감한다. 그리고 그 다음날 큰 폭으로 하락하면서 장대음봉이 나타나면, 강력한 하락전환 신호이다. 안좋은 징조이니 빨리 피하자.

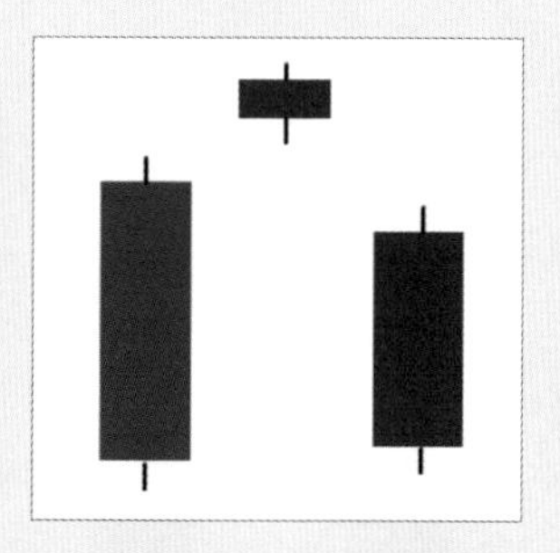

그림 3-24 석별형 캔들

이렇게 몇 가지 캔들 패턴의 의미를 살펴보았다. 캔들의 모양만으로 차트를 보면서 매매하는 사람도 많고, 책에서 알려지지 않은 그들 만의 캔들 신호를 가지고 주가를 예측하는 사람들도 많다. 여기서 중요한 것은 캔들은 과거의 기록이며, 통계적으로 예측할 뿐, 항상 미래를 정확하게 점쳐 주지 못한다는 것이다. 하지만 우리는 주식 투자에 발을 들여놓은 이상, 눈을 크게 뜨고 귀를 크게 열어, 차트의 흐름도 읽어보고 캔들의 의미도 생각해보는 적극적인 자세가 필요할 것이다.

Part 4

튼튼한 종목이 나타내는 지표

Intro

그동안 주식 투자를 위한 준비를 갖추었다. 그러나 가장 중요한 것은, 어떤 종목에 투자할 것인지 결정하는 것이다. 어떤 기업이 양질의 자산을 가지고 있는지, 안정적인 영업 활동을 하고 있는지, 자본은 얼마나 적정한지, 부채는 과도하지 않은지 등을 분석하여 투자 종목을 결정해야 한다. 이를 기업에 대한 '기본적 분석'이라고 하고, 기업의 체력이 얼마나 튼튼한지 알아보는 과정이다.

기본적 분석은 기업 본연의 가치를 분석하여 주가를 예측하는 방법으로, 내가 분석한 기업의 가치보다 주가가 낮다면 매수, 반대로 높을 땐 매도한다. 일반적으로는 Top-down 방식, 즉 제일 위에서는 경제분석, 그 다음 산업분석, 제일 아래 기업분석 순으로 분석해 나가는데, 경제와 산업은 증권회사 애널리스트나 경제연구소 전문가들에게 맡기고, 우리는 튼튼한 기업을 찾기 위한 노력만 하자.

먼저 내가 궁금한 기업에 대한 모든 자료가 한 곳에 모여 있는 도서관을 찾아야 한다. 멀리 가지 않아도 컴퓨터만 켜면 'DART'에 접속할 수 있다. 앞서 주식에 대한 필수개념과 정의를 알아보면서 기업의 자산과 자본에 대해 간단하게 알아보았다. 나에게도 빚(부채)이 있듯, 기업도 부채가 있을 것이다. 기업의 자산, 부채, 자본이 어디에 어떻게 적혀 있고, 그 의미가 무엇인지 살펴보자.

01

기업정보와 공시를 찾는 곳 : DART

DART, 즉 전자공시시스템은 금융감독원에서 운영하는 기업정보 전자공시시스템DART: Data Analysis, Retrieval and Transfer system의 약자이며, 흔히 '다트'라고 부른다. 여기서 '공시'는 사전적 의미로 일정한 내용을 공개적으로 게시하여 일반에게 널리 알림이라는 뜻이다. 즉, 기업정보의 공시라함은 금융감독원에서 일반 투자자에게 알릴 필요가 있는 정보를 국가가 관리하는 시스템을 통해 게시하여 알리도록 마련한 장치이다. 우리나라는 금융감독원 전자공시시스템으로 중요 정보를 공시하도록 법적으로 강제하고 있다. 단 우리나라의 모든 회사의 정보가 있는 것은 아니다. 경영 공시 의무를 가지고 있는 회사의 경우 이 사이트에서 기업분석에 필요한 정보들을 검색해 볼 수 있다.

인터넷 주소창에 'https://dart.fss.or.kr/'를 입력하고 사이트에 접속한다.

다음 화면이 나오면 그림 4-1에서 [공시통합검색]이라고 써진 아래 검색창에 원하는 기업, 예를들어 '삼성전자'를 입력하고 [검색] 버튼을 누른다. 그림 4-2와 같은 화면으로 전환되면, 기간에서 [3년] 박스 클릭, 공시유형에서 [정기공시]에 체크하고, [검색] 버튼을 누른다.

그림 4-1 전자공시시스템 공시통합검색

그림 4-2 공시통합검색 결과값

검색결과 위 그림처럼 사업보고서, 분기보고서, 반기보고서 등이 나오는데, 우리가 볼 정보는 사업보고서(2023.12) 자료이다. 사업보고서(2023.12)를 클릭하면 다음의 정보들이 표시된다.

그림 4-3 사업보고서

해당 화면에서 좌측 문서목차에서 [Ⅲ. 재무에 관한 사항] - [2.연결재무제표] - [2.1 연결 재무상태표]와 [2.2 연결 손익계산서]를 통해 기업의 매년 경영 상황을 볼 수 있다. 주로 그 해 사업보고서는 연말에 작성되어 이듬해 3개월 이내 공시될 것이다.

02

기업이 쓰는 가계부 : 재무제표

일반적으로 거래소에 상장된 기업의 경우, 기업을 경영하는 경영자와 기업의 소유권인 주식을 보유하고 있는 투자자는 서로 다르다. 경영자는 현재 기업의 상태를 객관적인 기준에 따라 표로 나타내어 투자자에게 정보를 제공해야만 한다. 또는 기업의 내외부 관리자들이 의사결정을 하게 할 판단 근거를 적절한 틀과 숫자로 제시해야 한다. 이런 일련의 활동을 '회계'라고 하고, 근거자료를 '재무제표'라고 한다. 보통 재무제표는 기업의 1년간 영업활동 기간동안 일어나는 모든 경제적 활동을 측정하여 일정한 공통된 형식에 맞추어 작성하며 기업간 비교가 가능하도록 한다.

기업의 재무제표는 일종의 가계부라고 생각하면 된다. 흔히 가계부를 작성할 때, 나의 재정 상황을 파악하고, 이번달에 벌어들인 금액과 지출에 사용한 금액을 쓰고 마지막에 남은 잔액을 쓴다. 기업이 한해동안 벌어들인 돈매출에 쓴 돈비용으로 지출된 금액을 제하고 얼마나 벌었는지 나태내는 표를 '포괄손익계산서'라고 하고, 12월 말회계 기간에 따라 3월 말인 기업도 있음에 잔액이 얼마나 남았는지에 대해 나타내는 표를 '재무상태표'라고 한다.

우리나라가 회계기준으로 채택한 기본 재무제표는 다음의 5가지이다.

- **재무상태표** : 현재 보유하고 있는 자산은 얼마고, 부채는 얼마인지에 대한 보고
- **포괄손익계산서** : 한해동안 영업활동으로 얼마나 벌었는지에 대한 보고
- **현금흐름표** : 한해동안 현금 및 현금성 자산의 흐름을 파악하게 해주는 자료
- **자본변동표** : 기업의 소유자인 주주들의 지분구성의 변동을 나타내는 자료
- **재무제표에 대한 주석** : 위의 자료 이외에 중요하다고 생각되는 정보에 대한 모든 자료

주식투자를 위해서 꼭 알아야 하는 재무상태표와 손익계산서

에 대해서 좀 더 자세하게 알아보도록 하겠다.

1) 재무상태표 SoFP: Statement of Financial Position

재무상태표는 특정한 시점기준으로 기업의 재무현황을 나타내주는 가장 기본적인 자료이다. 과거에는 대차대조표 BS: Balance Sheet 라고 불렸는데, 아직도 실무에서 이 말을 더 자주 쓴다.

재무상태표는 특정시점, 보통 12월 말을 기준으로 기업의 자산, 부채, 자본 항목을 작성한다. 뒤에 설명할 손익계산서는 일정기간, 보통 1년동안의 발생한 거래를 모아서 자료를 만들지만, 재무상태표는 특정시점에서 측정된 금액을 기준으로 작성된다.

Part 2에서 예를 들었던 아이스크림 주식회사를 가져와 각 항목에 대해 알아보자.

1억의 자본금을 가지고 토지, 건물, 기계장치를 구매했다. 토지,

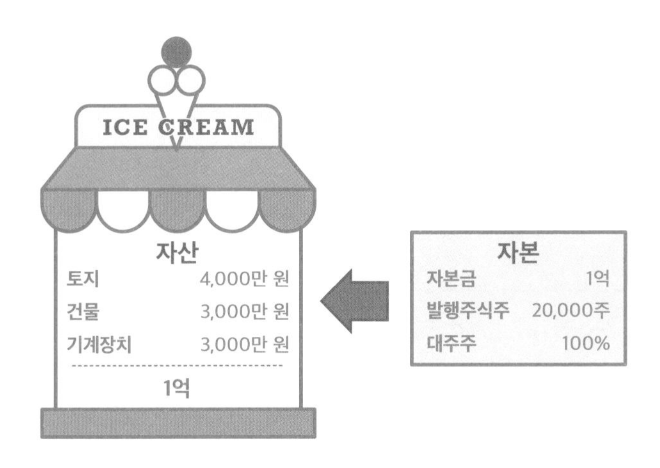

그림 4-4 아이스크림 주식회사

건물, 기계장치는 재무상태표상에서 '유형자산'이라는 항목으로 분류된다. 이 상황에서 간단하게 재무상태표를 만들면 다음과 같다.

자산(Asset)		부채(Liability)	
유형자산	100,000,000		0
		자본(Equity)	
		자본금	100,000,000
자산합계	100,000,000	합계(부채+자본)	100,000,000

표 4-1 재무상태표

그리고 회사는 은행에서 돈을 5,000만 원을 빌렸고, 이 돈현금을 쓰지 않고, 계좌에 그냥 가지고 있으면 재무상태표는 다음과 같이 변화된다.

자산(Asset)		부채(Liability)	
현금	50,000,000	차입금	50,000,000
유형자산	100,000,000	자본(Equity)	
		자본금	100,000,000
자산합계	150,000,000	합계(부채+자본)	150,000,000

표 4-2 5,000만 원 차입 재무상태표

자, 이제 1년간 아이스크림을 팔아서 이익이 5,000만 원이 발생했고, 이 5,000만 원 모두 현금으로 받았다고 하자. 앞에서 발생한 이익은 자본에서 이익잉여금 계정으로 분류가 되었다.

자산(Asset)		부채(Liability)	
현금	100,000,000	차입금	50,000,000
유형자산	100,000,000	자본(Equity)	
		자본금	100,000,000
		이익잉여금	50,000,000
자산합계	200,000,000	합계(부채+자본)	200,000,000

표 4-3 5,000만 원 이익 재무상태표

이런 식으로 특정시점에 거래들을 반영하여, 자산, 부채, 자본 항목을 결정하고 남은 금액을 측정해준다. 눈치를 챘겠지만 항상 자산의 합계와 부채+자본의 합계 금액은 동일하다. 이 큰 두 영역이 항상 금액을 맞추기 때문에 Balance Sheet라고 과거에 불렸던 것이다. 오른쪽 부분은 돈을 조달하는 방법(주주가 돈을 넣으면 '자본', 빌려서 넣으면 '부채')이고, 이 돈을 가지고 무엇을 산다면 '자산'이 된다. 따라서 항상 두 합계는 같게 된다.

재무상태표 항목을 혼자서도 읽을 수 있도록 용어 뜻을 설명하면 다음과 같다.

자산(Asset)	부채(Liability)
유동자산	유동부채
현금 및 현금성자산	매입채무
단기금융상품	단기차입금
매출채권	비유동부채
재고자산	사채
비유동자산	장기차입금
유형자산	**자본(Equity)**
무형자산	자본금
	주식발행초과금
	이익잉여금
자산합계	합계(부채+자본)

표 4-4 재무상태표 주요 항목

유동자산은 기업이 보유하고 있는 자산 중에 1년 이내에 현금으로 바꿀 수 있는 자산을 의미한다. 이 유동자산은 크게 당좌자산과 재고자산으로 나뉜다. 당좌자산은 즉각적으로 현금화가 가능한 자산으로 현금 및 현금성자산수표 등, 단기금융상품정기예금 등, 매출채권 등이 있다. 매출채권은 제품을 팔고나서 현금이 아니라 특정일 이후에 지급하겠다고 약속하는 경우 발행되는 채권이다. 보통 매출채권은 3개월 이내에 현금으로 지급이 된다. 재고자산은 기업이 판매를 위해 제조과정에 있거나 상품형태로 보유하고 있는 자산으로 보통 1년이내 판매로 이어질 예정이므로 유동자산으로 분류가 된다.

비유동자산은 고정자산이라고도 하는데 1년 이내에 현금화되지 않고, 장기간에 걸쳐 기업에 남아 있는 자산을 의미한다. 일반적으로 형태가 있는 유형자산과 실체가 없는 무형자산으로 분류된다. 유형자산은 토지, 건물, 기계장치처럼 형태가 있는 자산을 의미한다. 무형자산은 특허권처럼 형태가 없는 자산이다.

부채도 역시 1년 이내에 상환해야 하는 의무가 있는지에 따라 유동부채와 비유동부채로 나뉜다. 1년이내에 상환해야 되면 유동부채로 분류되고 매입채무, 단기차입금이 있다. 매입채무는 기업이 제품을 생산하기 위해 원재료를 구매하는데, 구매대금을 바로 현금으로 지급하지 않고, 특정일에 지급하겠다고 약속하는 경우 발행되는 채무이다. 보통 3개월 이내에 상환해야 하므로 유동부채로 분류된다. 단기차입금은 금융기관 등에서 빌린 돈으로 1년 이내 상환해야 하는 부채이다.

그에 반해 1년 이상 이후에 상환의무가 발생하는 경우 비유동부채로 분류되고 대표적으로 사채와 장기차입금이 있다. 보통 사채는 기업이 발행하는 회사채로 일반 투자자들로부터 빌린 돈을 의미하는데, 1년 이상의 만기로 발행이 된다(사채업자에게 빌리는 돈이 아니다). 장기차입금은 금융기관 등에서 빌린 돈으로 만

기가 1년 이상 남아 있는 부채이다. 이 비유동부채들은 시간이 흘러 1년이내 상환해야 하는 경우가 되면 유동부채로 재분류된다.

자본은 주식발행을 통해 조달된 자금으로 자본금은 '액면 × 발행주식수'로 계산된 금액이고, '주식발행금액 - 자본금'을 주식발행초과금이라고 한다. 기업이 영업활동으로 벌어들인 순이익이 이익잉여금이라는 형태로 자본에 반영이 된다.

2) 손익계산서 또는 포괄손익계산서IS: Income Statement

손익계산서는 재무상태표특정 시점 기준와 달리 특정 기간1년 동안의 수익과 비용을 정리하여 손익을 계산해 놓은 표이다. 간략하게 나타낸 표는 다음과 같다.

매출액 (-)매출원가
= 매출총이익 (-)판매비와관리비
= 영업이익(손실) (+)영업외수익 (-)영업외비용
= 법인세차감전순이익(손실) (-)법인세
= 당기순이익(손실)

표 4-5 손익계산서 항목

매출액은 기업이 제품이나 상품을 판매하고 얻은 대가를 의미한다. '보통 매출액 = 판매가격 × 판매수량'으로 계산된다. 손익계산서에서 가장 위에 위치하고, 이 금액을 시작으로 각종 비용과 수익을 고려해 준다.

매출원가는 매출을 발생시키는데 소요되는 비용을 의미하는데, 기업이 영업활동을 하기 위해 생산한 제품과 상품의 기본원가로 계산한다. 기본 원가에는 원재료비, 가공비, 생산공장의 인건비 등이 포함된다. 매출액에서 매출원가를 빼준 것을 매출총이익이라고 하고, 기업이 매출을 통해서 발생한 수익에 가장 기본적인 비용을 제하고 남은 이익을 의미한다. 매출총이익이 (-)라면 물건을 팔 때마다 기본원가도 감당하지 못하는 것으로 기업의 영속성에 큰 문제가 발생한 것으로 볼 수 있다.

매출총이익에서 판매비와관리비판관비를 빼주면 영업이익이 나온다. 판관비에는 매출원가에 포함되지 않은 인건비보통 경영관리부서의 비용와 퇴직금, 지급수수료, 판촉비, 감가상각비 등이 포함된다. '감가상각비'는 조금 어려운 개념이다. 기계장치 같은 비유동자산을 1년에 얼마를 썼는지를 계산해서 비용으로 측정하는 것으로 실제 현금이 유출되지 않지만 비용으로 인식한다. 영업이익은 손익계산서에서 중요한 항목으로 기업이 순수하게 영업활동으로 얼마나 벌고 있는지를 보여준다.

영업이익에서 영업외수익을 더해주고, 영업외비용을 빼주면 법인세차감전순이익이 계산된다. 영업외수익은 기업의 영업활동 이외의 수익으로 금융상품 등에서 발생한 이자수익금융수익 등이 있다. 영업외비용은 차입금에서 발생하는 이자비용금융비용이 대표적이다. 법인세차감전순이익은 기업의 세금을 계산하기 위한 기준이 되는 순이익이고, 이를 바탕으로 계산된 법인세를 차감하고 나면 기업의 당기순이익이 계산된다. 이 당기순이익 중에 일부는 주주에게 배당이 되고, 일부는 기업 내에 유보하게 된다.

3) 재무상태표와 손익계산서와의 관계

손익계산서를 조금 다른 관점에서 보면, 기업이 벌어들인 영업이익을 먼저 채권자영업외비용, 이자비용가 일부 가져가고, 그 다음에 정부법인세가 가져가고 남은 돈이 주주의 몫으로 배분된다. 이 당기순이익에서 주주에게 일부 배당을 해주고 남은 돈을 이익잉여금의 형태로 기업내에 유보한다. 즉, 손익계산서의 당기순이익은 재무상태표 자본의 이익잉여금 계정과 연결이 된다.

사실상 기업이 1년 동안 물건을 팔게 되면, 매출손익계산서이 지속적으로 나오고, 물건을 팔면 그 대가로 현금재무상태표을 받거나, 매출채권재무상태표이 증가한다. 기업이 영업활동을 하는 과정에서 매출이 증가하고, 손익이 변동되는 동시에 자산 역시 증가하거나 감소하게 되는데, 손익계산서는 1년동안의 거래를 모두 누적하여 보여주고, 재무상태표는 12월 말 기준으로 잔고를 표시해 준다.

다음의 예시를 통해 두 관계를 간단하게 알아보자.

아이스크림 주식회사의 2023년 12월 말 재무상태표는 다음과 같다고 하자.

자산(Asset)		부채(Liability)	
현금	100,000,000	차입금	50,000,000
유형자산	100,000,000	자본(Equity)	
		자본금	100,000,000
		이익잉여금	50,000,000
자산합계	200,000,000	합계(부채+자본)	200,000,000

표 4-6 2023년 아이스크림 주식회사 재무상태표

2024년도에 이 기업은 1년에 아이스크림을 5,000원에 20,000개를 팔았다고 하자. 20,000개의 아이스크림을 만드는 데 개당 원가는 2,500원이 들었고 판관비 1,000만 원, 이자비용 500만 원이 발생했다. 법인세율은 10%로 가정했다. 이 조건으로 손익계산서를 작성하면 다음과 같다

매출액(5,000원 × 20,000개) (-)매출원가(2,500 × 20,000개)	100,000,000 (-)50,000,000
매출총이익 (-)판매비와관리비	= 50,000,000 (-)10,000,000
영업이익(손실) (+)영업외수익 (-)영업외비용	=40,000,000 (+)0 (-)5,000,000

법인세차감전순이익(손실) (-)법인세	= 35,000,000 (-)3,500,000
당기순이익(손실)	= 31,500,000

표 4-7 2024년 아이스크림 주식회사 손익계산서

1년 동안 영업활동을 하면서 현금은 얼마씩 오고 갔는지 살펴보자. 일단 매출 1억 중 5천만 원은 현금으로 받았고, 나머지 5천만 원은 나중에 주기로 계약되어 매출채권외상으로 받았다. 매출원가 부분도 절반인 2,500만 원은 현금으로 지급했고, 나머지는 나중에 주기로 계약해서 매입채무로 계상했다.

그렇다면 각 계정은 다음과 같다.

현금		비고
기존 보유액	100,000,000	작년 말 기준으로 보유하고 있는 현금액
(+)매출	50,000,000	물건을 팔고 현금을 받은 금액
(-)매출원가	25,000,000	물건을 만드는데 드는 비용 중 현금 지급액
(-)판관비	10,000,000	현금으로 지급한 판매관리비
(-)영업외비용	5,000,000	현금으로 지급한 이자비용
(-)법인세	3,500,000	현금으로 지급한 법인세
합계	106,500,000	

표 4-8 현금 계정

매출채권		비고
기존 보유액	0	
(+)매출채권	50,000,000	물건 팔고 현금 대신 받음
합계	50,000,000	

표 4-9 매출채권 계정

매입채무		비고
기존 보유액	0	
(+)매입채무	25,000,000	재료를 구매하고 현금을 나중에 지급하기로 함
합계	25,000,000	

표 4-10 매입채무 계정

당기순이익은 주주에게 배당을 하지 않고 모두 기업 내에 유보했다고 하면, 이익잉여금은 다음과 같다.

이익잉여금	
기존 보유액	50,000000
(+)당기순이익	(+)31,500,000
합계	= 81,500,000

표 4-11 이익잉여금 계정

이 모든 거래를 재무상태표에 잔액만 반영하면 다음과 같다.

자산(Asset)		부채(Liability)	
현금	106,500,000	매입채무	25,000,000
		차입금	50,000,000
매출채권	50,000,000	**자본(Equity)**	
유형자산	100,000,000	자본금	100,000,000
		이익잉여금	81,500,000
자산합계	256,500,000	합계(부채+자본)	256,500,000

표 4-12 2024년 아이스크림 주식회사 재무상태표

위의 관계는 간단한 항목만을 가정해서 예시로 보여주었다. 당연히 일반 기업의 회계처리 항목은 훨씬 복잡하다. 하지만 기업이 쓰는 가계부인 재무제표를 간단하게라도 한번 작성해보면(이 책을 통해 눈으로 한번 훑더라도), 나중에 실제 재무제표를 볼 때 훨씬 더 빠르게 요점만 읽을 수 있을 것이다. 이제 우리는 더 이상 많은 숫자들에 파묻혀 갈피를 잡지 못하는 초보는 아닐 것임을 확신해본다.

03

기업이 받는 성적표 : 영업이익률

지금까지 재무제표, 즉 재무상태표와 손익계산서라는 그 가장 기본적인 도구를 얻었다. 이제 이 도구를 어떻게 활용할지 알아봐야 한다. 재무제표의 각 항목의 숫자들을 가공한 여러가지 비율을 통해 기업의 현재 상태, 앞으로 미래를 어느정도 유추해볼 수 있다. 이를 재무비율이라고 하는데 크게 안정성비율, 활동성비율, 수익성비율로 나뉜다. 여기서는 주로 수익성비율 중 '영업이익률'을 통해 기업을 분석해 보자.

수익성 비율은 기업의 경영성과를 직접적으로 평가할 수 있는 지표이다. 보통 얼마나 많이 팔았느냐는 매출액으로 측정하고, 팔아서 얼마나 벌었느냐를 영업이익이나 당기순이익으로 측정한다. 얼마나 팔아서 얼마를 벌었는지를 기업간 비교 가능하도록 백분율로 계산한 지표가 수익성 비율이다. 실질적으로 기업의 한 해 동안의 경영 성적표라고 할 수 있다.

기업의 수익성을 판단하는 가장 기본적인 지표가 영업이익률이다. 앞에서 설명했던 손익계산서를 다시 보자.

매출액 (-)매출원가
= 매출총이익 (-)판매비와관리비
= 영업이익(손실)

표 4-13 손익계산서 일부

이렇게 계산된 매출액과 영업이익을 비율로 나타낸 지표가 영업이익률이다.

$$\text{영업이익률(\%)} = \frac{\text{영업이익}}{\text{매출액}} \times 100$$

영업이익은 기업이 영업활동으로 벌어들인 매출에서 제품을 만드는데 든 비용인 매출원가를 빼고, 경영에 직접적으로 사용된 비용인 판관비까지 뺀 다음에 계산된다. 기업이 영업에서 실제로 벌어들인 수익이다. 일반적으로 이 비율이 높을수록 기업의 수익성은 좋다. 업종별로 영업이익률은 차이가 있는데, 일반 제조업의 경우 15~20% 내외면 상당히 높은 편이다. IT기업이나 플랫폼 기업의 경우 영업이익률이 50%를 상회하기도 한다. 실제 미국에 상장된 엔비디아의 경우 24년 상반기 기준 영업이익률은 62.06%였다.

영업이익률이 높다는 것은 크게 두 가지로 볼 수 있다. 첫 번째는 독점적인 제품이어서 판매가 자체가 높고 매출도 높은 경우이다. 매출원가를 훨씬 상회하는 판매가를 가질 정도로 시장 지배력이 있는 상황에서 발생한다. 이경우 매출총이익도 함께 높은데 많이 팔고 많이 버는 기업이다. 엔비디아나 애플같은 기업이 여기에 해당한다. 두 번째는 비용 통제를 잘해서 매출원가율이 낮고, 판관비 수준도 낮은 경우이다. 두 경우 모두 경영효율성이 높은데, 주가측면에서는 전자의 경우가 주가 상승 가능성이 높다.

04

가진 것에 비해 얼마나 벌었는지? : ROA, ROE

총자산수익률ROA: Return on Assets은 기업의 자산으로 얼마만큼의 이익을 벌어들였는지를 측정하는 지표이다. 여기서 이익은 당기순이익으로 손익계산서상의 마지막 항목이다. 영업이익에서 영업과 관련이 없는 수익과 비용을 고려해주고, 세금까지 납부한 뒤에 남은 기업의 진정한 순이익을 기준으로 한다.

$$\text{총자산수익률(\%)} = \frac{\text{당기순이익}}{\text{총자산}} \times 100$$

여기서 '총자산 = 부채타인자본 + 자본자기자본'이다. 즉 총자산수익률은 빌린 돈과 주주의 돈으로 벌어들인 수익률을 의미한다.

총자산수익률은 당연하게도 순이익이 높을수록 높게 나오고, 총자산이 높으면 낮게 나온다. 총자산 중에 부채가 많은 경우 낮게 나오기도 하는데, 부채가 많아지면 이자비용이 증가해 당기순이익 함께 낮아지기도 한다. 그래서 총자산수익률은 부채를 고려해서 분석해야 하는데, 함께 보는 지표로 자기자본수익률이 있다.

자기자본수익률ROE: Return on Equity은 당기순이익과 자기자본과의 관계로 주식을 투자하는 입장에서 가장 중요한 지표 중에 하나다. 총자산에서 부채를 제외하고 자기자본을 기준으로 측정한다. 주주 입장에서 기업에 투자를 했을 때 기업활동으로 얻을 수 있는 수익률로도 볼 수 있다. 주식 투자했을 때 주가 상승에 따른 투자 수익률과는 다르다.

$$\text{자기자본수익률(\%)} = \frac{\text{당기순이익}}{\text{자기자본}} \times 100$$

주식을 투자하는 입장에서 경상적인 수익률로 볼 수도 있지만, 기업의 입장에서는 주주에게 자금을 빌려오는 비용이라고 볼 수도 있다. 이 비용이 보통 차입금 이자율 보다 높기 때문에 기업은 부채타인자본를 쓰려는 유인이 생긴다. 기업 입장에서는 비용이 싼 자금을 빌려서 자산을 증가시키고 영업활동을 하면 순이익을 더 늘릴 수 있기 때문이다. 이렇게 부채를 늘려서 순이익이 늘면 자기자본은 변동이 없기 때문에 자연스럽게 자기자본수익률이 높아지는 효과가 있다. 부채가 늘면 총자산은 증가하므로 ROA는 감소하고, ROE는 증가한다.

또한 ROE는 배당정책과도 관련이 있다. 기업은 당기순이익에서 일부는 배당을 하고 일부는 사내유보를 하게 된다. 사내 유보를 하면 기업의 자기자본이 증가한다. 따라서 현금배당을 많이 할수록 자기자본 증가폭이 줄어든다. 그러면 자연스럽게 ROE는 높아진다. 하지만 현금배당을 많이 하게 되면 기업의 성장을 위해 쓰는 돈이 줄어 들기 때문에 적정한 수준을 유지하는 것이 중요하다.

ROE와 ROA를 알았으면, 이를 실제 사례에 적용해보자. 다음은 2차전지의 대표주식인 LG에너지솔루션과 포스코퓨처엠의 수익성 비율을 비교해 본 것이다. 해당 자료는 Part4 마지막에 나오는 <Check 박스> 「재무 비율을 쉽게 확인할 수 있는 참고 사이트」에서 찾을 수 있다.

LG에너지솔루션과 포스코퓨처엠의 2023년 매출/영업이익은 각각 33.7조/1.47조, 4.76조/358억으로 규모면에서 LG에너지솔루션이 훨씬 크다. 2023년도는 전기차에 대한 기대감이 다소 하락하면서 2차전지에 대한 수요가 둔화되기 시작하는 시점이었다. 그럼에도 불구하고 두 기업모두 매출은 전년도 대비 증가하는 모습을 보여주었지만, LG에너지솔루션은 당기순이익도 증가했으나 포스코퓨처엠은 당기순이익이 크게 감소했다. 매출규모가 작아 비용구조가 불리하여 수익률 방어에 어려움을 겪었을 것으로 예상된다.

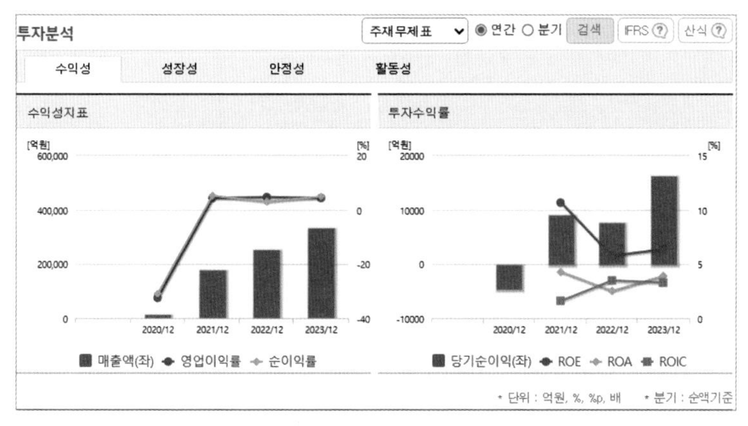

항목	2020/12	2021/12	2022/12	2023/12	전년대비
영업이익률	-32.52	4.30	4.74	4.41	-0.34
ROE		10.68	5.75	6.35	0.61
ROA		4.25	2.51	3.91	1.40

그림 4-5 LG에너지솔루션 수익성 비율

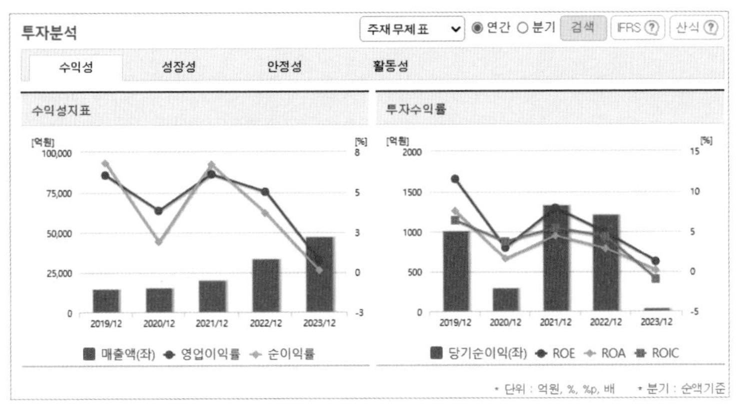

항목	2019/12	2020/12	2021/12	2022/12	2023/12	전년대비
영업이익률	6.06	3.85	6.12	5.02	0.75	-4.27
ROE	11.57	2.96	7.92	4.87	1.19	-3.68
ROA	7.56	1.56	4.45	2.85	0.08	-2.77

그림 4-6 포스코퓨처엠 수익성 비율

실제 수익률 비율을 비교해 보면, LG에너지솔루션은 매년 영업이익률이 4% 중후반으로 꾸준했다. ROA, ROE 모두 전년도 대비 개선되었다. 이에 반해 포스코퓨처엠은 영업이익률이 5%대에서 0%대로 급감했고, ROA, ROE 역시 큰 폭으로 하락했다.

2차전지주는 한동안 주식투자에서 핫한 종목 중에 하나였는데, ROE가 상당히 낮은 편이다. 국내 대표 2차전지 주식인 LG에너지솔루션의 3년 평균 ROE가 7% 수준밖에 되지 않는다. 보통 성장성이 좋은 기업들의 ROE는 12% 이상으로 본다. ROE가 낮은 이유는 본질적으로 영업이익률 자체가 낮기 때문이다. 2차전지는 많은 기업들이 경쟁하고 있는 산업으로 아직 성장의 초기 단계에 있다. 따라서 기업들은 현재 이익률이 다소 낮아지더라도 미래에 물량을 선점하기 위해 가격정책을 공격적으로 가져가고 있고, 투자도 큰 폭으로 확대하고 있는 중이다. 현재의 이익률이 다소 낮을 수 있지만 미래 시장의 성장가능성으로 최근까지 주식 가격은 큰 폭의 상승을 보여주었다. 단순히 수익성만 따져서는 주가의 상승 가능성을 따질 수 없고, 기업이 직면하고 있는 시장상황을 면밀히 따져봐야 한다.

05

주식이 싼 지, 비싼 지 알고 싶을 때 : PER

주식의 가격은 기업의 가격이다. 주가는 기업의 가격에서 1주의 가격이다. 그렇다면 기업의 가격가치은 어떻게 정해질까? 단순하게 생각하면 현재 돈을 얼마나 벌고 있고, 미래에 얼마나 많이 벌어들일 수 있는지를 평가해서 결정이 된다. 현재 얼마를 벌고 있는지는 앞에서 살펴본 재무제표를 통해서 알 수 있지만, 미래에는 얼마를 벌 수 있을지는 판단하기가 어렵다. 따라서 주가에는 현재의 이익과 미래에 대한 기대감이 포함되어 있다. 기대를 어떻게 주가에 반영할 수 있을까? 이 부분 때문에 우리는 주가를 예측하기가 어렵다.

주식을 처음 시작하는 사람들이 주가에 대해 흔히 오해하는 부분은 1,000원짜리 주식보다 20,000원짜리 주식이 더 좋은 주식이라고 생각한다는 점이다. 주식의 가격은 시가총액주가 × 발행주식수을 발행주식수로 단순히 나눈 지표로 발행주식수는 기업별로 다르다. 주가가 1,000원이지만 발행주식수가 1,000,000주라고 하면 시가총액은 10억 원이고, 20,000원인데 발행주식수가 10,000주라면 시가총액은 2억 원이다. 따라서 단순히 주가만을 가지고는 기업들간에 비교하기가 어렵다. 시가총액이 얼마인지가 기업의 규모를 판단하는 객관적인 정보다.

그렇다면 시가총액이 크면, 더 좋은 주식인가? 규모가 큰 기업일수록 대기업이고 안정성이 높을지는 모르지만 미래에 기대감이 지나치게 높게 평가되어서 주가가 높고, 시가총액도 높은 것이 아닐까 하는 의문도 생긴다. 기업들 간의 주가의 수준을 상대적으로 비교해 볼 필요가 있는데 이를 나타내는 대표적인 지표가 'PER주가수익비율', 'PBR주가순자산비율'이다.

주가수익비율PER: Price Earning Ratio은 주로 PER로 주식투자에서 많이 사용된다. 다음과 같이 계산된다. 주가와 수익성과의 관계가 PER, 주가와 자산과의 관계가 PBR이다.

$$\text{PER(배)} = \frac{\text{주가}}{\text{주당순이익(EPS)}} = \frac{\text{시가총액(주가} \times \text{발행주식수)}}{\text{당기순이익(EPS} \times \text{발행주식수)}}$$

※ 주당순이익(EPS: Earning Per Share)

여기서 주당순이익EPS: Earning Per Share은 당기순이익을 발행주식수로 나눠서 구한다. 혹은 시가총액을 당기순이익으로 나누어서 쉽게 구할 수 있다.

PER은 기업이 벌어들이는 수익에 비해 주가는 몇 배로 거래되는지를 알려주는 지표다. 주당순이익은 현재 수익인데, 주가에는 미래에 기대되는 수익이 반영되어 있고, 이것이 지금의 수익 대비 몇 배로 거래되는지를 보면 그 기대의 수준을 다른 주식들과 비교해 볼 수가 있다. PER이 20배와 40배라면, 40배인 기업의 미래기대 수준이 더 높다고 말할 수 있다. 이런 비교는 업종별로 비교해 볼 수도 있고, 업종내 개별 기업끼리 비교해 볼 수도 있다. 보통 성장성이 높은 업종의 경우 PER이 높을 것이다.

이렇듯 PER은 기업끼리 혹은 업종끼리 주가 수준에 대해 비교 가능하게 해주고, 어떤 주식이 저평가 되어 있는지를 판단할 근거를 제시해 준다.

삼성전자와 LG에너지솔루션의 PER을 비교해 보자.

지난 5년간 삼성전자의 경우 6배 ~ 36배 사이 수준을 유지해 왔다. LG에너지솔루션의 경우 22년 131배, 23년 80배로 상당히 높은 배수멀티플를 기록했다. 이 기간동안 반도체 업종에 비해 2차 전지에 대한 시장의 기대감이 상당히 강했기 때문이다.

삼성전자의 PER 추세를 보면 22년 6배에서 23년 36배로 크게 증가한 것을 볼 수 있다. 이것을 가지고 단순히 삼성전자에 대한 미래 기대감이 크게 증가했다고 볼 수 있을까? 사실 이 시기 PER의 상승은 주가가 크게 상승했기 때문이 아니라 주당순이익EPS이 급락했기 때문이다. 주당순이익이 급락했지만 주가는 그에 비해 하락폭이 적어 PER이 크게 상승했다. PER이 상승했지만 긍정적인 요소 때문만은 아니었다.

LG에너지솔루션은 반대로 22년 131배에서 80배로 하락했다. 이 기간 주가는 450,500원에 421,500원으로 하락했고, 주당순이익은 크게 증가했다. 주가하락의 영향보다는 주당순이익 증가가 PER을 낮추는데 더 크게 기여했다. PER이 낮아졌지만 기업의 입장에서 보면 긍정적인 요인이 더 많았다.

이렇듯 PER이 높다고 무조건 좋은 것이 아니고, 낮다고 안 좋게 판단할 수 없다. 여러 요인들을 복합적으로 고려해야 한다.

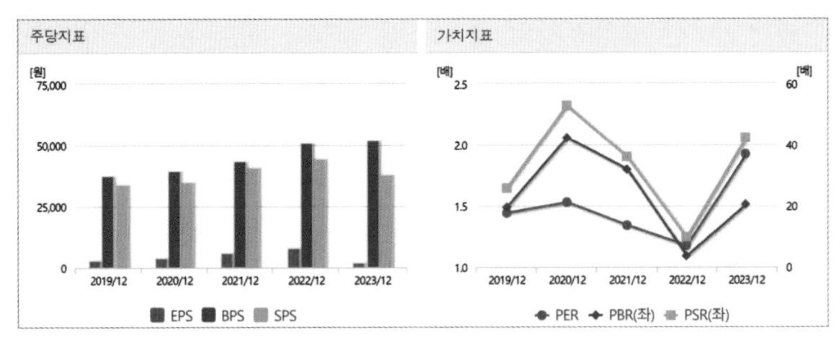

항목	2019/12	2020/12	2021/12	2022/12	2023/12	전년대비
PER	17.63	21.09	13.55	6.86	36.84	436.78
EPS	3,166	3,841	5,777	8,057	2,131	-74
PBR	1.49	2.06	1.80	1.09	1.51	38.72

그림 4-7 삼성전자 PER

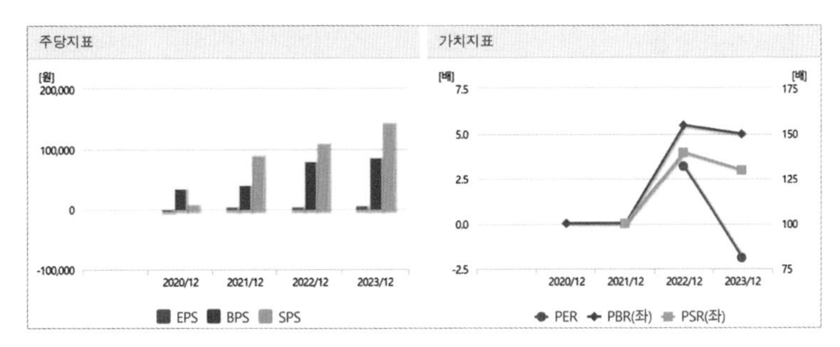

항목	2020/12	2021/12	2022/12	2023/12	전년대비
PER			131.77	80.86	-38.64
EPS	-2,278	3,963	3,305	5,287	60
PBR	0	0	5.44	4.95	-8.97

그림 4-8 LG에너지솔루션 PER

06

주식이 싼지 비싼지 알고 싶을 때 : PBR

앞서 기업의 가격인 주가는 현재의 이익과 미래에 발생할 이익의 가능성으로 이루어진다고 했다. 그런데 기업의 가격을 좀 더 직접적으로 측정할 수 있는 방법이 있다. 기업이 가지고 있는 총자산에서 부채를 뺀 순자산을 기업의 가격, 즉 기업 가치로 볼 수 있다는 것이다. 주가순이익비율은 기업의 이익 가능성에 초점을 맞추었다면, 주가순자산비율PBR: Price to Book-value Ratio은 기업의 자산가치에 중점을 두고 상대적 가치를 분석한 지표이다.

$$\text{PBR(배)} = \frac{\text{주가}}{\text{주당순자산(BPS)}} = \frac{\text{시가총액}}{\text{순자산}}$$

※ 주당순자산(BPS: Book-value Per Share)

그런데 PBR은 보통 1보다 커야 한다. 예를 들어 기업의 자산이 자회사 주식만으로 이루어진 회사가 있다고 하자. 이런 기업을 지주회사Holding Company라고 한다. ㈜LG의 경우 LG그룹에 속하는 기업들의 주식이 주요한 자산이다. 지주회사인데 부채가 없고, 순자산이 주식이라고 하면, 지주회사의 순자산은 보유 주식의 총합이다. 만약 이 지주회사의 주가가 순자산보다 작다면PBR이 1보다 작은 경우 지주회사 주식 전부를 산 다음에 보유하고 있는 주식을 팔면 무조건 이익이므로 기업 사냥꾼의 타겟이 될 것이다. 그렇게 되면 다시 지주회사의 주식은 올라갈 것이므로 이론적으로 PBR이 1보다 작을 수는 없다. 그러나 우리나라의 주식들 중에서는 PBR이 1보다 작은 기업들이 상당히 많다. 우리나라 24년 9월 말 기준 코스피 PBR 평균이 0.93으로 1이 안된다.

지수명	PER	PBR	배당수익률
코스피	14.90	0.93	1.88
코스피 200	14.24	0.92	2.03
코스피 200 중소형주	13.87	0.78	2.02
코스피 200 건설	9.81	0.54	1.04
코스피 200 중공업	31.52	1.85	0.48
코스피 200 철강/소재	22.21	0.54	2.20
코스피 200 에너지/화학	66.67	0.60	1.79
코스피 200 정보기술	23.78	1.16	1.04
코스피 200 금융	6.66	0.55	4.04
코스피 200 생활소비재	12.79	0.75	1.86
코스피 200 경기소비재	6.31	0.64	3.41
코스피 200 산업재	23.34	1.67	1.19
코스피 200 헬스케어	59.10	3.45	0.22

그림 4-9 코스피 평균 PBR(24년 9월 말 기준)

국내 주식에서 지주회사들의 PBR이 낮고, 금융주들도 PBR이 대체로 낮은 주식에 속한다. 그림 4-10과 그림 4-11은 LG와 KB 금융의 PBR 자료이다.

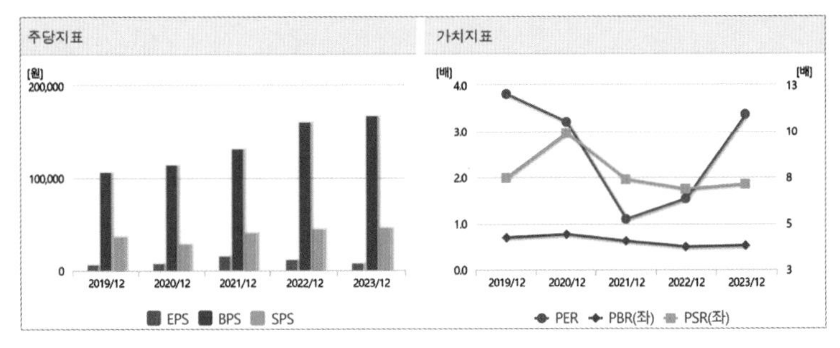

항목	2019/12	2020/12	2021/12	2022/12	2023/12	전년대비
PER	12.02	10.50	5.22	6.33	10.92	72.63
PBR	0.69	0.76	0.61	0.49	0.51	5.69
현금배당 수익률	2.98	2.86	3.46	3.84	3.61	-0.23

그림 4-10 LG PBR

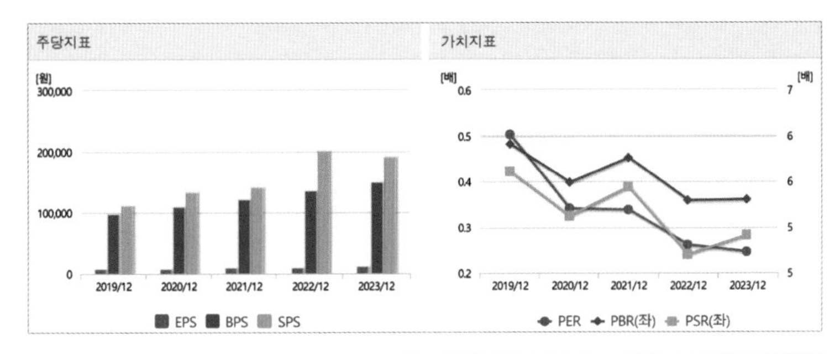

항목	2019/12	2020/12	2021/12	2022/12	2023/12	전년대비
PER	6.01	5.20	5.19	4.80	4.73	-1.55
PBR	0.48	0.40	0.45	0.36	0.36	0.59
현금배당 수익률	4.64	4.08	5.35	6.08	5.66	-0.43

그림 4-11 KB금융 PBR

두 주식 모두 지난 5년 간 PBR이 1을 넘은 적이 없다. KB금융은 23년 PBR이 0.36이다. 현재 주가가 순자산의 1/3 수준으로만 평가되고 있단 의미이다. 현실성은 없지만 KB금융 주식을 모두 사서 기업이 보유한 자산을 다 팔면 3배의 이익을 볼 수 있다는 의미이다. 이렇듯 대표적으로 저평가 되어 있고, 계속 저평가되어 있다. 이런 주식을 단순히 저PBR로 판단하고 투자를 하는 경우 주가 상승을 하는데 오랜 시간을 기다려야 할지도 모른다.

국내 주식의 저평가 문제는 상당히 심각하다고 판단하여 정부 차원에서 '기업 밸류업 프로그램'을 도입하여 주가 부양을 위해 노력하고 있다. 그러나 인위적인 주가부양이 효과가 있을지에 대해서는 논란의 여지가 많다.

일반적으로 PBR이 낮으면 저평가되어 있다고 판단하고 매수하는 경우 대체로 주식수익률이 높지만, 너무 낮은 PBR은 성장 가능성이 낮거나 내부 문제가 있는 경우가 있을 수 있어 주의를 요한다. PBR은 적자가 나는 기업의 경우 PER을 쓸 수 없을 때 보조적으로 사용 가능하고 두 지표를 상호보완적으로 적용하여 기업 분석에 이용한다.

Check!

PER, PBR, ROE의 관계

PER, PBR, ROE를 다음과 같이 도식화할 수 있다.

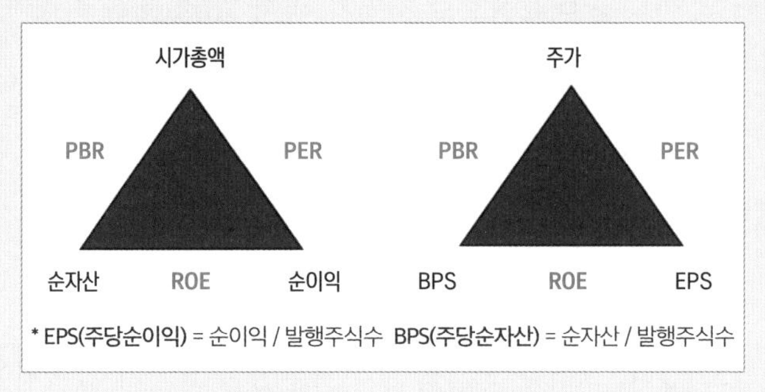

그림 4-12 PER, PBR, ROE 도식화

좋은 기업은 본질적으로 수익성이 높은 기업이다. 높은 수익성이 상당기간 유지 가능하거나 점점 더 증가할 것으로 예상되는 기업일수록 주가는 상승할 것이다. 주식을 투자하기 위해 그런 기업을 찾아서 투자를 하면 쉬울 것 같은데, 어려운 점은 주가는 보통 투자자들의 기대보다 앞서서 움직이는 경향이 있고, 수익성 개선이 뒤따라온다는 것이다. 주가와 수익성의 관계를 보여주는 것이 그림 4-12이다. 주가와 수익성의 상대적인 가치를 나타내 주는 것이 PER, PBR이다. 이 관계성 그림 중에 현재 기업이 어디에 위치해 있는지를 판단하여 주식을 투자해야 한다.

세 가지 지표의 관계는 수식으로 정리해 볼 수도 있다.

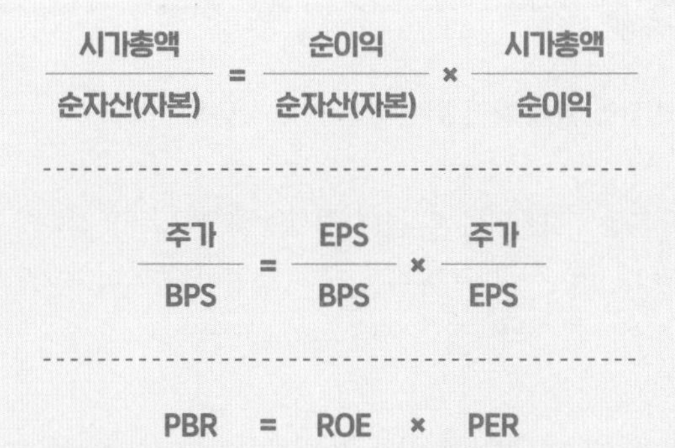

기업이 영업활동을 잘하여 수익성이 개선되면, ROE가 높아진다. 주식시장에서 아직 기업 수익성이 개선되는지 예측을 못해서 주가 변동이 없다면, 순이익 증가로 PER이 낮아진다. PBR은 변동이 없다. 자, 그럼 우리는 보통 낮은 PER 주식을 선호하므로(다음장에서 설명할 가치주 투자) 주가가 오르기 시작한다. 주가가 오르면서 PBR, PER이 함께 상승하고, 원래의 PER, PBR보다 증가하며 고평가 영역까지 상승한다. 수식으로만 본다면 그렇다는 말이다. 실제의 세상에서는 기업의 본질적인 가치(여기서는 단순히 수익성이라고 하자)는 잘 변하지 않는데, 주가는 시장의 기대로 인해 선행해서 움직이거나 더 크게 움직인다. 다른 말로 바꿔서 말하자면, 기업의 본질가치는 1년 동안 누적된 후에 수치로 확인할 수 있는데 반해 주가는 매일매일 변한다. 기업의 본질가치는 변하지 않는데 주가만 매일 등락을 거듭하고 있다. 이 상황에서 투자자가 주식을 언제 사고 팔아야 하는지 판단하기가 쉽지가 않다. 주식투자가 어려운 이유라고 할 수 있겠다.

 Check!

재무비율을 쉽게 확인할 수 있는 참고 사이트

주식투자를 시작했다면 주식에 대한 정보를 잘 찾아야 하는데 이를 해결해주는 좋은 사이트가 많이 있다. 그 중에 국내 상장 기업들에 대한 정보가 잘 정리된 곳은 '네이버페이증권'이다.

사이트 홈페이지 주소는 다음과 같다. https://finance.naver.com/

그림 4-13 네이버페이 증권

홈페이지에 접속하면 위와 같은 화면이 나온다. 그림 4-13에서 박스 안에 있는 검색창에 찾고 싶은 종목명을 입력하면 해당 종목 자료로 넘어간다.

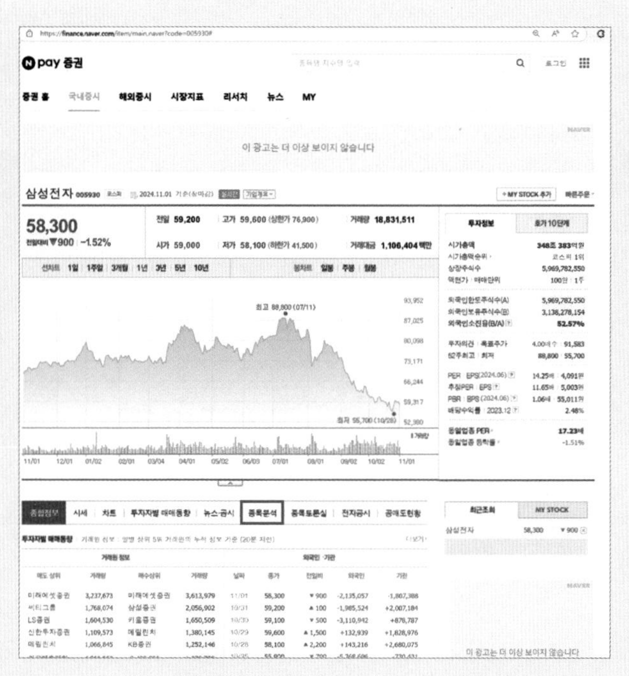

그림 4-14 네이버페이 증권 종목 상세

그림 4-14는 해당 종목의 종목 상세 화면이다. 자세한 정보를 얻을 수 있다.

재무비율을 친절하게 계산해서 연도별로 보여주는 자료도 찾을 수 있다. 위 사진 중간에 보면 [종목분석]이라는 탭이 있다. 여기를 클릭하면 바로 하단에 [투자지표]를 찾을 수 있다. 그림 4-15와 같은 화면을 얻을 수 있다.

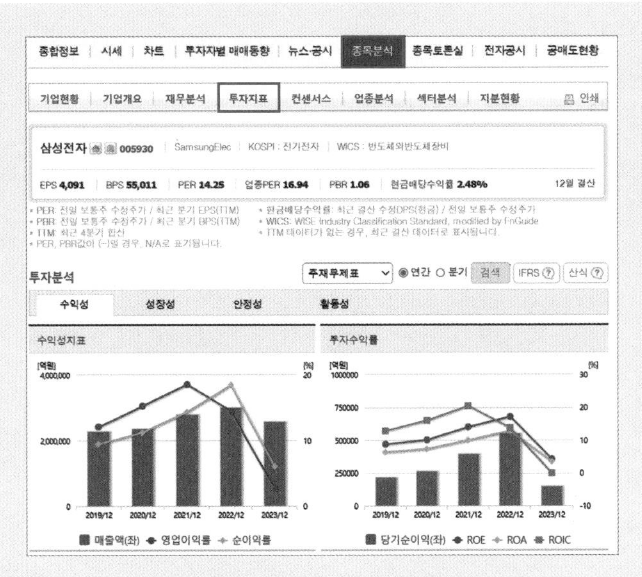

그림 4-15 종목분석 내 투자지표

Part 5

실전투자 방법

Intro

주식 투자를 위한 전략들은 아주 많다. 일단 투자기간을 기준으로 장기투자와 단기투자로 나눌 수 있다. 장기투자자는 마치 적립식 적금처럼 한 종목을 조금씩 꾸준히 사 모으면서 오랜 시간 보유한다. 우리가 잘 아는 워렌 버핏은 자신만의 신념을 가지고 우량기업을 골라 장기간 보유하여 큰 성과를 내는 유명한 장기투자자이다. 이때는 튼튼한 종목을 고르기 위한 기본적 분석이 중요할 것이다. 반대로 기술적 분석을 중요하게 생각하면 차트를 통한 모멘텀 투자를 하기도 한다. '단타'라고 들어봤을 것이다. 주식 매수 후 짧은 시간 뒤에 매도하여 시세차익을 얻는 투자 방법인데, 움직임이 많은(거래량이 많은) 종목을 차트를 활용해 단타로 짧은 시간동안 작은 수익을 내는 매매를 여러 번 하여 목표 수익을 얻는 투자자가 단기투자자이다.

그 밖에 역발상 투자, 추세추종전략, 인덱스 투자 등 다양한 투자 전략들이 존재한다. 지금부터 여러가지 투자 전략들 중 쉽게 접근할 수 있는 몇 가지 방법에 대해 간단하게 설명할 것이다. 자신에게 맞는 투자 전략도 찾아보기 바란다.

01

저평가된 종목 찾기

저평가된 종목을 찾아 투자하는 대표적인 방법 중 하나가 가치투자이다. 가치투자 방법이란 기업의 기본적 분석을 통해 본질가치를 측정하고 현재 주식 가격이 이보다 낮으면 매수하고, 높아지면 매도하는 전략이다. 가치투자는 주가가 기업가치에 접근할 때까지 기다려야 하므로 보통 장기투자 영역에 속한다. 이론적으로 상당히 완성도가 있는 전략이고, 국내에서도 인기가 많은 전략 중에 하나다.

가치투자에서 가장 중요한 점은 '기업의 가치를 어떻게 측정할 것이냐'이다. 기업의 본질가치를 평가하는 방법을 '밸류에이션

Valuation'이라고 하는데, 다양한 이론들이 개발되어 있다. 지금 논하기는 어려운 문제이므로 우리는 쉽게 현재 주가를 바탕으로만 이야기를 진행해 보자. 상대가치매매라고 불리는 방법이다.

Part4에서 나온 지표인 PER, PBR을 이용해 실전 투자에 적용해보는 것이다.

주식가격은 투자자들에 의해 시장에서 형성된다. 이 가격이 적정한가를 판별하기 위한 도구를 우리는 앞에서 배웠다. PER과 PBR이 그것이다. 이 둘은 항상 비교 가능한 주식이나 업종이 있어야 한다. 기업의 본질가치가 얼마인지를 알려 주는 것이 아니고 다른 기업 대비 혹은 업종 대비 고평가, 저평가를 나타내 준다.

기업별 PER, PBR 자료를 찾을 수 있는 곳을 알아보자. 여기서는 Fn Guide라는 사이트를 참고했다.

https://comp.fnguide.com 사이트에 접속하면 그림 5-1과 같은 화면이 나타난다. 상당히 많은 주식 정보를 확인할 수 있다. 화면과 용어에 익숙해질수록 종목에 대한 이해도가 점점 높아질 것이다.

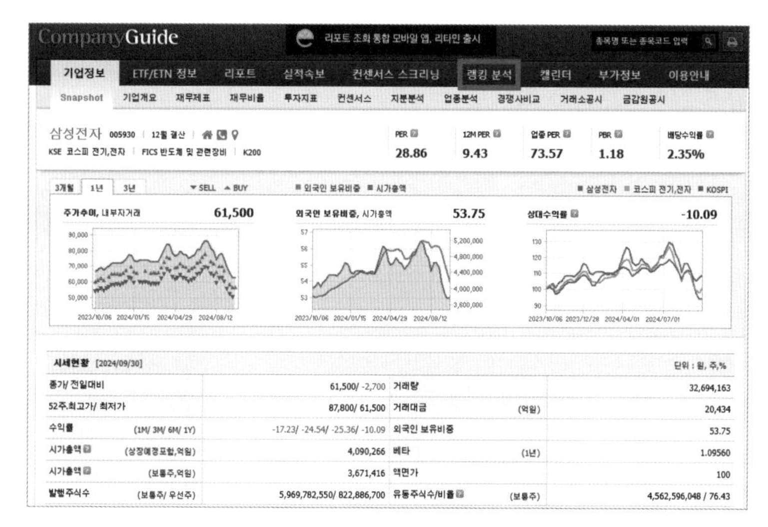

그림 5-1 Fn 가이드 화면

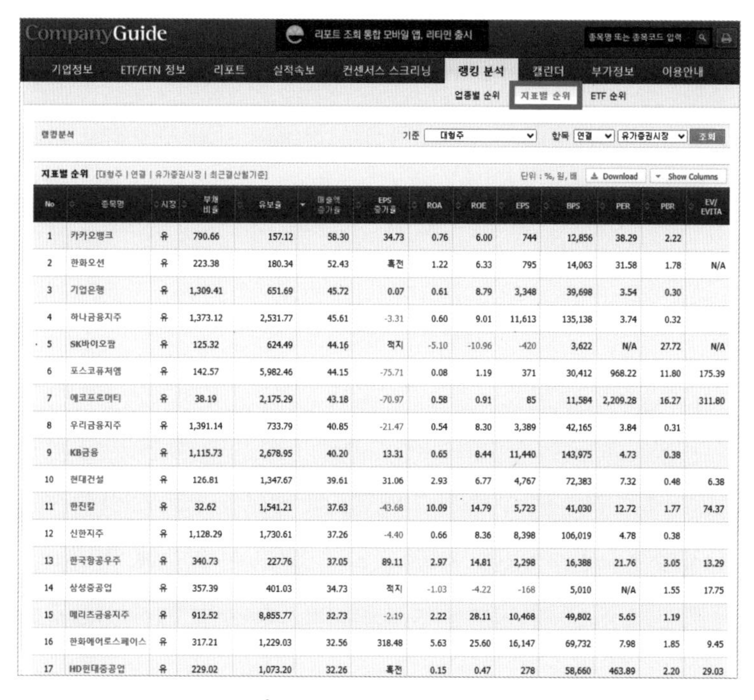

No	종목명	시장	부채비율	유보율	매출액증가율	EPS증가율	ROA	ROE	EPS	BPS	PER	PBR	EV/EVITA
1	카카오뱅크	유	790.66	157.12	58.30	34.73	0.76	6.00	744	12,856	38.29	2.22	
2	한화오션	유	223.38	180.34	52.43	흑전	1.22	6.33	795	14,063	31.58	1.78	N/A
3	기업은행	유	1,309.41	651.69	45.72	0.07	0.61	8.79	3,348	39,698	3.54	0.30	
4	하나금융지주	유	1,373.12	2,531.77	45.61	-3.31	0.60	9.01	11,613	135,138	3.74	0.32	
5	SK바이오팜	유	125.32	624.49	44.16	적지	-5.10	-10.96	-420	3,622	N/A	27.72	N/A
6	포스코퓨처엠	유	142.57	5,982.46	44.15	-75.71	0.08	1.19	371	30,412	968.22	11.80	175.39
7	에코프로머티	유	38.19	2,175.29	43.18	-70.97	0.58	0.91	85	11,584	2,209.28	16.27	311.80
8	우리금융지주	유	1,391.14	733.79	40.85	-21.47	0.54	8.30	3,389	42,165	3.84	0.31	
9	KB금융	유	1,115.73	2,678.95	40.20	13.31	0.65	8.44	11,440	143,975	4.73	0.38	
10	현대건설	유	126.81	1,347.67	39.61	31.06	2.93	6.77	4,767	72,383	7.32	0.48	6.38
11	한진칼	유	32.62	1,541.21	37.63	-43.68	10.09	14.79	5,723	41,030	12.72	1.77	74.37
12	신한지주	유	1,128.29	1,730.61	37.26	-4.40	0.66	8.36	8,398	106,019	4.78	0.38	
13	한국항공우주	유	340.73	227.76	37.05	89.11	2.97	14.81	2,298	16,388	21.76	3.05	13.29
14	삼성중공업	유	357.39	401.03	34.73	적지	-1.03	-4.22	-168	5,010	N/A	1.55	17.75
15	메리츠금융지주	유	912.52	8,855.77	32.73	-2.19	2.22	28.11	10,468	49,802	5.65	1.19	
16	한화에어로스페이스	유	317.21	1,229.03	32.56	318.48	5.63	25.60	16,147	69,732	7.98	1.85	9.45
17	HD현대중공업	유	229.02	1,073.20	32.26	흑전	0.15	0.47	278	58,660	463.89	2.20	29.03

그림 5-2 Fn 가이드 랭킹 분석 화면

화면에서 [랭킹 분석] - [지표별 순위]로 클릭해서 들어가면 그림 5-2의 정보들을 확인할 수 있다.

재무제표를 보면서 중요하게 생각하는 매출액, 부채비율, PER, PBR 등의 자료를 기업별로 잘 정리해서 볼 수 있다. 해당 항목을 클릭해서 높은 순으로 정렬을 하면 각 기업별 수준을 쉽게 알아볼 수 있다.

참고로 Fn 가이드의 정보를 이용해서 NH증권이 제작한 화면이 있는데, 이곳에서 좀 더 쉽게 기업별 자료에 접근이 가능하다.

https://comp.fnguide.com/SVO/WooriRenewal/ScreenerBasics_Valuation.asp에 접속해보자.

화면에서 [밸류에이션]으로 들어가면, [저PER]에서 해당 종목들을 분류해서 보여준다. Fn 가이드 화면은 전체 상장주식 기준으로 정보를 제공해 주지만, NH증권이 제작한 화면은 증권사 애널리스트가 종목의견을 낸 기업들만으로 구성되어 있다. 증권사의 애널리스트가 종목에 대한 의견을 냈다는 것은 어느정도 검증된 기업이므로, 처음 주식을 할 때는 이 기업들 내에서 기업을 고르는 것이 좋겠다. 또 한가지 좋은 점은 증권사 애널리스트가 의견을 낼 때 기업의 내년미래 실적 예상치를 제시한다는 점이다. 자료를 자세히 보면 'PER(E)'가 있고 그냥 'PER'이 있는데, 'PER(E)'이 기업의 24년 말 기준 EPS 예상치를 기반으로 계산했다는 의미이다.

글로벌 증시 및 경제지표 | 펀더멘탈 종목검색 | 수급 종목검색 | 맞춤형 종목검색 | 기관투자자 보유현황 | 투데이 종목리포트 | 증시캘린더

기초검색 | 턴어라운드 | 밸류에이션 | 성장성

저PER | 저PBR | 업종대비 저PER | 업종대비 저PBR | 배당수익률

저 PER | 수익가치 대비 저평가된 종목입니다.

No.	종목명	전일종가	EPS(E)	PER(E)	PER	PBR	Action
1	현대코퍼레이션	18,730	8,761	2.14	2.98	0.42	Action
2	대한해운	2,065	793	2.60	10.07	0.42	Action
3	HL D&I	2,450	762	3.21	3.14	0.21	Action
4	피에이치에이	10,010	3,025	3.31	3.40	0.29	Action
5	LX홀딩스	7,140	2,135	3.34	6.95	0.33	Action
6	OCI홀딩스	70,900	21,051	3.37	2.95	0.56	Action
7	지역난방공사	47,900	14,108	3.40	1.42	0.14	Action
8	GS	42,550	12,295	3.46	2.98	0.29	Action
9	BNK금융지주	9,040	2,529	3.57	3.62	0.22	Action
10	LX인터내셔널	30,000	8,392	3.57	9.73	0.49	Action
11	기아	99,900	26,435	3.78	4.59	0.86	Action
12	SK스퀘어	80,800	21,375	3.78		0.48	Action
13	우리금융지주	15,500	4,058	3.82	3.84	0.31	Action
14	KCC	301,500	76,671	3.93	9.55	0.37	Action
15	기업은행	13,970	3,453	4.05	3.54	0.30	Action
16	DGB금융지주	8,090	1,999	4.05	3.70	0.24	Action
17	한국타이어앤테크놀로지	41,450	9,951	4.17	7.81	0.59	Action
18	한일시멘트	13,770	3,198	4.31	5.21	0.56	Action
19	금호타이어	4,530	1,049	4.32	9.81	1.22	Action

그림 5-3 NH증권 제공 펀더멘탈 종목검색 화면

이 자료들을 이용하여 기업의 본질가치에 비해 싼 기업을 골라보자. 재무제표 속 숫자들을 확인하며 일일이 계산하지 않아도 전문가들이 알려주고 예측해주고 순위까지 나타내 주니, 우리는 그 숫자들만 골라서 읽고 투자하면 된다.

02

수익성이 반영된 PER 적용하기

PER의 경우, 결론부터 말하면 낮은 PER 주식을 매수하고, 높은 PER 주식을 매도하는 전략이다.

앞에서 보여준 저PER 자료를 다시 살펴보자. 순위의 기준은 'PER(E)' 값이 가장 낮은 주식부터 차례로 30개 종목을 보여준다.

증권사 애널리스트가 커버하는 종목 중에서 가장 낮은 PER을 가진 현대코퍼레이션이라는 종목을 살펴보자. 정보를 찾아보기 위해 https://comp.fnguide.com 사이트에서 현대코퍼레이션을 검색하자.

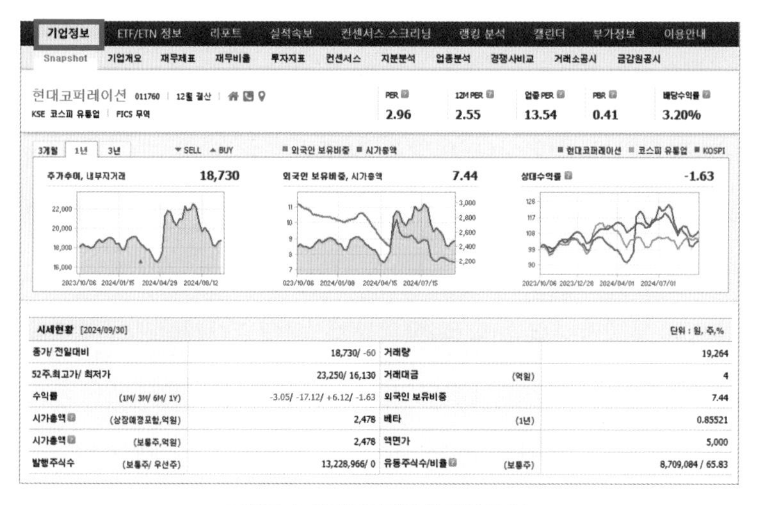

시세현황 [2024/09/30]				단위 : 원, 주,%
종가/ 전일대비	18,730/ -60	거래량		19,264
52주.최고가/ 최저가	23,250/ 16,130	거래대금	(억원)	4
수익률 (1M/ 3M/ 6M/ 1Y)	-3.05/ -17.12/ +6.12/ -1.63	외국인 보유비중		7.44
시가총액 (상장예정포함,억원)	2,478	베타	(1년)	0.85521
시가총액 (보통주,억원)	2,478	액면가		5,000
발행주식수 (보통주/ 우선주)	13,228,966/ 0	유동주식수/비율	(보통주)	8,709,084 / 65.83

그림 5-4 현대코퍼레이션 기업정보 1

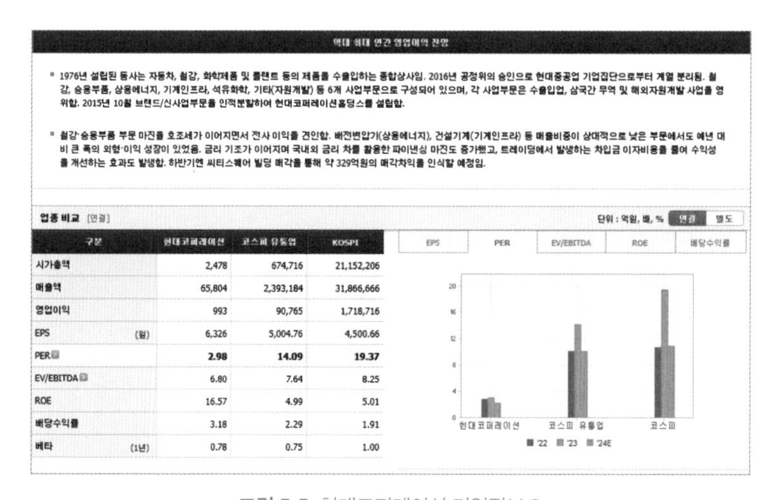
역대 최대 연간 영업이익 전망

- 1976년 설립된 동사는 자동차, 철강, 화학제품 및 플랜트 등의 제품을 수출입하는 종합상사임. 2016년 공정위의 승인으로 현대중공업 기업집단으로부터 계열 분리됨. 철강, 승용부품, 상용에너지, 기계인프라, 석유화학, 기타(자원개발) 등 6개 사업부문으로 구성되어 있으며, 각 사업부문은 수출입업, 삼국간 무역 및 해외자원개발 사업을 영위함. 2015년 10월 브랜드/신사업부문을 인적분할하여 현대코퍼레이션홀딩스를 설립함.
- 철강·승용부품 부문 마진율 호조세가 이어지면서 전사 이익을 견인함. 배전변압기(상용에너지), 건설기계(기계인프라) 등 매출비중이 상대적으로 낮은 부문에서도 예년 대비 큰 폭의 외형·이익 성장이 있었음. 금리 기조가 이어지며 국내외 금리 차를 활용한 파이낸싱 마진도 증가했고, 트레이딩에서 발생하는 차입금 이자비용을 줄여 수익성을 개선하는 효과도 발생함. 하반기엔 씨티스퀘어 빌딩 매각을 통해 약 329억원의 매각차익을 인식할 예정임.

업종 비교 [연결] 단위 : 억원, 배, %

구분	현대코퍼레이션	코스피 유통업	KOSPI
시가총액	2,478	674,716	21,152,206
매출액	65,804	2,393,184	31,866,666
영업이익	993	90,765	1,718,716
EPS (원)	6,326	5,004.76	4,500.66
PER	**2.98**	**14.09**	**19.37**
EV/EBITDA	6.80	7.64	8.25
ROE	16.57	4.99	5.01
배당수익률	3.18	2.29	1.91
베타 (1년)	0.78	0.75	1.00

그림 5-5 현대코퍼레이션 기업정보 2

상단의 메뉴 중 [기업정보] - [Snapshot] 탭에서 종목에 대한 유용한 정보들을 제공해 준다. 특히 <Business Summary>에는 기본적인 회사 소개와 최근 영업실적이나 특이사항들을 알려주는데 투자자들이 참고하기에 좋다.

현대코퍼레이션의 Business Summary의 제목이 '역대 최대 연간영업이익 전망'이다. PER은 현재도 낮은 편이고, 24년 실적을 반영한 수치는 더 낮으며, 올해 실적은 최대로 전망이 된다. 그렇다면 현대코퍼레이션이 속해 있는 업종 자체가 좋은 것일 수도 있으니 동종업종의 현황을 살펴보자. 현대코퍼레이션의 업종은 유통업이다. 스크롤을 내리면 친절하게 유통업종 및 KOSPI 전체와의 매출액, 영업이익, PER 수준까지 잘 정리해서 보여준다.

KOSPI 전체의 평균 PER은 19.37배이고, 유통업은 14.09배로 좀 낮은 편인데, 현대코퍼레이션은 그보다 훨씬 낮은 2.98배로 업종평균과 비교해도 상당히 저평가 되어있다. 거기다 우리가 배웠던 ROE를 보면 16.57%로 상당히 높은 수준을 보여준다.

그럼 구체적인 경쟁사들의 자료를 확인해 보자. [경쟁사비교] 탭을 클릭해 보자.

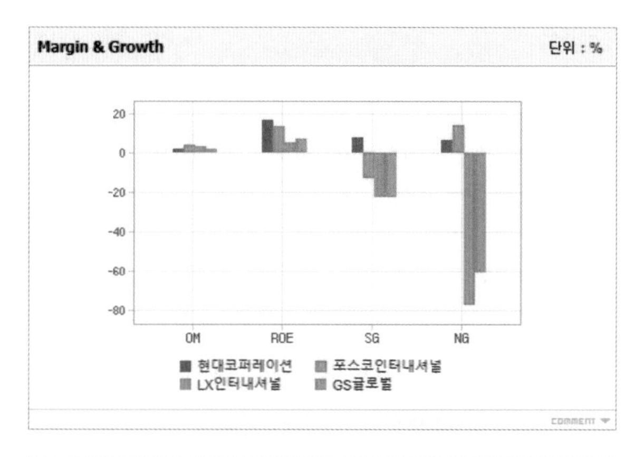

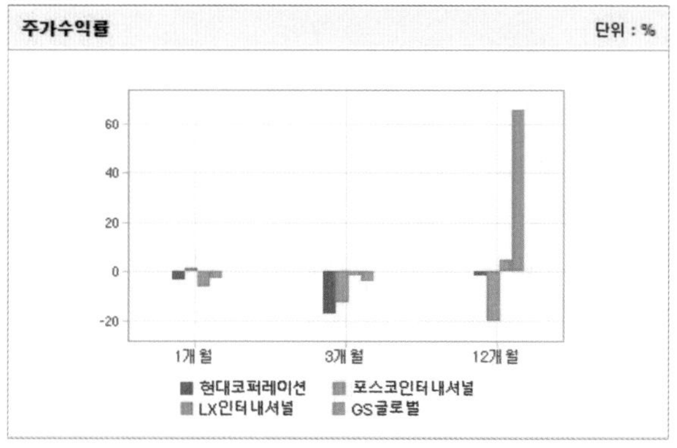

그림 5-6 현대코퍼레이션 경쟁사 비교 1

다음 표는 경쟁사 비교 탭에 나온 정보를 정리한 것이다.

구분	현대코퍼레이션	포스코인터내셔널	LX인터내셔널	GS글로벌
Price				
주가	18,730	57,100	30,000	3,875
시가총액	2,478	100,452	11,628	3,198

Balance Sheet				
자산총계	20,597	166,177	79,953	14,011
부채총계	14,791	99,930	49,204	9,531
자본총계	5,806	66,248	30,750	4,480
Income Statement				
매출액	65,804	331,328	145,144	39,165
영업이익	993	11,631	4,331	765
당기순이익	834	6,804	1,934	261
지배주주순이익	837	6,739	1,171	278
Valuation				
PER	2.96	14.89	9.93	11.52
PBR	0.41	1.64	0.50	0.76
Profitability				
ROE	16.57	13.36	5.17	6.78
영업이익률	1.51	3.51	2.98	1.95
Growth				
매출액증가율	7.40	-12.78	-22.63	-22.77
영업이익증가율	48.64	28.88	-55.14	8.59
EPS증가율	6.32	-19.80	-77.28	-60.45

그림 5-7 현대코퍼레이션 경쟁사 비교 2

경쟁사로는 포스코인터내셔널, LX인터내셔널, GS글로벌이 있다. 모두 대기업 그룹에 속해 있고, 계열사 물량을 바탕으로 안정적인 매출을 확보한 기업들이다. 현대코퍼레이션은 경쟁사 대비 시가총액이나 매출액 등 외형적인 규모는 상대적으로 좀 떨어지지만 수익성은 상당히 준수하다. 하지만 영업이익률이 경쟁사 대비 상당히 낮은 편이다.

현재 기업의 수익성도 좋고, 상대적으로도 저평가되어 있다. 그렇다면 주가는 어떻게 움직였을까?

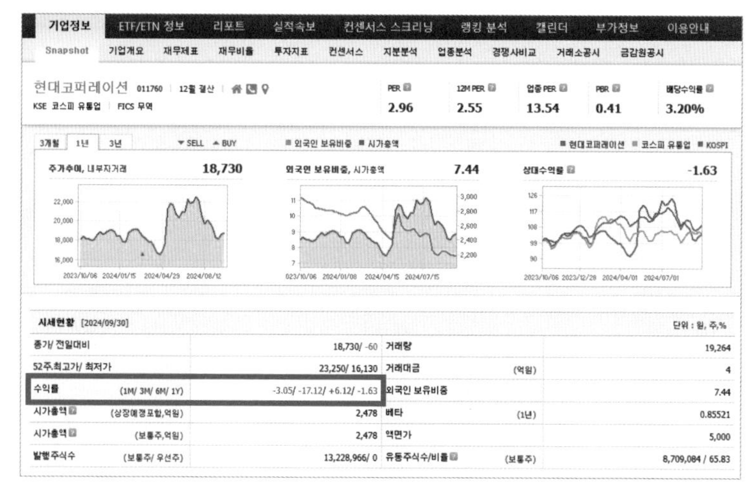

시세현황 [2024/09/30] 단위 : 원, 주,%

종가/ 전일대비		18,730/ -60	거래량		19,264
52주.최고가/ 최저가		23,250/ 16,130	거래대금	(억원)	4
수익률	(1M/ 3M/ 6M/ 1Y)	-3.05/ -17.12/ +6.12/ -1.63	외국인 보유비중		7.44
시가총액	(상장예정포함,억원)	2,478	베타	(1년)	0.85521
시가총액	(보통주,억원)	2,478	액면가		5,000
발행주식수	(보통주/ 우선주)	13,228,966/ 0	유동주식수/비율	(보통주)	8,709,084 / 65.83

그림 5-8 현대코퍼레이션 기업정보 1

현대코퍼레이션을 검색한 첫 화면으로 돌아가 보자. 주가 차트와 함께 시세현황을 보여주는데, 수익률24.9.30기준을 보면 1, 3, 6, 12개월 수익률이 각각 -3.05%, -17.12%, +6.12%, -1.63%이다. 현재 기준으로 6개월 전에 사서 현재까지 보유하고 있을 경우의 수익률만 (+)이고 나머지는 모두 (-)이다. 수익성이나 상대적인 지표는 좋은데 주가는 오르지 못했다.

왜 주가는 왜 오르지 못했을까? 우리가 확인한 정보는 이미 많은 투자자들이 알고 있는 정보인데 이미 주가에 모두 반영되었으므로 이 주식은 이미 적정가인가? 아닌가? 결정하기 쉽지가 않다.

지금까지 살펴본 자료 중에서는 영업이익률이 낮은 것이 다소 신경이 쓰인다. 연도별 재무비율 자료도 한번 보자.

Financial Highlights

단위 : 억원, %, 배, 천주

구분	2021/12	2022/12	2023/12	2024/12(E)
매출액	37,825	61,270	65,804	69,957
영업이익	351	668	993	1,335
당기순이익	380	787	834	1,210
자산총계	17,074	18,313	20,597	-
부채총계	13,446	13,947	14,791	-
자본총계	3,628	4,366	5,806	-
부채비율	370.57	319.45	254.73	-
영업이익률	0.93	1.09	1.51	-
ROA	2.60	4.45	4.29	-
ROE	11.21	19.83	16.57	-
PER	5.88	2.72	2.98	-
PBR	0.58	0.47	0.42	-

표 5-1 Fn가이드 현대코퍼레이션 파이낸셜 하이라이트

자료에서 보면 21년 영업이익률이 0.93%에서 23년 말 기준 1.51%로 소폭 상승했다. 매출과 영업이익 증가율과 비교했을 때 이익률 개선의 폭이 크지 않다. 이는 상사업의 특성과도 관련이 있는데, 상사는 거래규모가 커서 매출액은 크지만 영업이익은 작다. 그래서 영업이익률도 낮은데, 영업이익률이 0.6% 개선되었

다는 것은 사실상 크게 개선되었다고 봐야 한다. 이 부분도 주가가 상승하지 못한 것에 대한 설명이 되지 못한다.

시장에서는 현대코퍼레이션의 수익성 개선이 일시적이라고 예상하는 듯하다. 여러분이 투자자로서 그렇지 않다고 생각하면 이 주식에 투자를 해봐도 좋을 것이다.

이런 방식으로 저PER 종목을 선정할 수 있고, 적정한 투자기간 후에 예상처럼 주가가 오른다면 PER은 높아지고, 투자자는 매도를 통해 수익을 얻을 수 있다.

03

자산가치가 반영된 PBR 적용하기

PBR을 이용한 상대가치 매매도 PER과 동일하다. 저PBR을 매수하고 고PBR을 매도하는 방식이다. 앞서 언급했던 PER 매매 방식과 종목의 선정 기준만 다를 뿐이다. 다만 23년 말 결산 기준 국내 우량 종목KOSPI200 기준 PBR은 1.0배로 주요 선진국 대비 상당히 낮다. 미국이 4.7배, 선진국 23개국 평균이 3.2배이다. 따라서 저PBR 종목으로 스크리닝을 하면 상당히 많은 종목이 나오는데, 목록은 다음과 같다.

기초검색

턴어라운드 | 밸류에이션 | 성장성

저PER | **저PBR** | 업종대비 저PER | 업종대비 저PBR | 배당수익률

저 PBR 자산가치 대비 저평가된 종목으로, 결산 추정 실적 기준의 저 PBR(FY1)을 보여드립니다.

No.	종목명	전일종가	BPS(E)	PBR(E)	PER	PBR	Action
1	뷰노	33,850	-180	-188.05		115.96	Action
2	이마트	59,200	413,269	0.14		0.18	Action
3	롯데쇼핑	61,500	332,747	0.18	12.17	0.22	Action
4	현대제철	27,900	144,357	0.19	10.56	0.25	Action
5	DGB금융지주	8,090	36,183	0.22	3.70	0.24	Action
6	HL D&I	2,450	10,252	0.24	3.14	0.21	Action
7	현대백화점	48,900	198,810	0.25		0.26	Action
8	DL	43,950	176,278	0.25		0.30	Action
9	DL이앤씨	29,750	117,201	0.25	8.24	0.32	Action
10	지역난방공사	47,900	179,527	0.27	1.42	0.14	Action
11	BNK금융지주	9,040	33,661	0.27	3.62	0.22	Action
12	한화	28,900	108,226	0.27	6.63	0.23	Action
13	피에이치에이	10,010	37,231	0.27	3.40	0.29	Action
14	한섬	16,570	62,524	0.27	5.62	0.33	Action
15	GS	42,550	151,900	0.28	2.98	0.29	Action
16	롯데케미칼	101,500	356,864	0.28		0.42	Action
17	롯데지주	24,650	81,847	0.30		0.33	Action
17	LX홀딩스	7,140	23,517	0.30	6.95	0.33	Action
19	한솔제지	9,440	30,415	0.31	143.99	0.35	Action
20	SBS	15,640	48,047	0.33	11.54	0.62	Action
21	기업은행	13,970	41,500	0.34	3.54	0.30	Action
22	우리금융지주	15,500	45,961	0.34	3.84	0.31	Action
23	한국전력	20,550	60,558	0.34		0.34	Action
24	스카이라이프	4,950	14,662	0.34		0.40	Action
24	신세계	159,100	464,973	0.34	7.66	0.40	Action
26	대한해운	2,065	6,090	0.34	10.07	0.42	Action
27	NHN	17,060	49,687	0.34		0.48	Action
28	OCI홀딩스	70,900	206,794	0.34	2.95	0.56	Action
29	GS건설	18,340	53,028	0.35		0.30	Action
30	대한제강	13,070	37,715	0.35	4.38	0.36	Action

그림 5-9 저PBR 종목 순위표

상위 30개 종목의 업종을 보면 대기업 그룹의 지주사, 금융지주사, 공기업들이다. 이들 업종은 항상 낮은 PBR을 보였으므로 단순히 낮다고 무조건 투자하는 경우 실패할 가능성이 높다. 따라서 수익성을 함께 고려하여 스크리닝을 해보자.

Fn 가이드 자료로 만든 NH증권 화면(그림 5-10)에서, 상단의 [맞춤형 종목검색] 항목을 클릭해보자. 그러면 ROE, 부채비율, 영업이익률, PBR 조건으로 해당하는 종목들을 찾아서 보여준다. '조건추가'를 통해서 원하는 조건을 넣을 수도 있다.

글로벌 증시 및 경제지표 | 펀더멘탈 종목검색 | 수급 종목검색 | 맞춤형 종목검색 | 기관투자자 보유현황 | 투데이 종목리포트 | 증시캘린더

재무검색

조건별 검색

조건	입력	범위	결과
ROE [%]	직접입력	-45,023.65 ~ 8,931.72	599 종목
부채비율 [%]	직접입력	-92,586.61 ~ 176,703.62	599 종목
영업이익률 [%]	직접입력	-83,851.26 ~ 65.88	551 종목
PBR(FY0) [배]	직접입력	-1.47 ~ 115.96	409 종목

409개 종목보기 조건추가

그림 5-10 NH증권 제공 맞춤형 종목검색 화면

여기서 조건을 몇 가지 넣어보자.

ROE는 15% 이상, 부채비율은 100% 이하, 영업이익률 5% 이상, PBR 1배 이하인 종목을 찾아보자. 수익성ROE, 영업이익률이 좋고, 재무건전성부채비율도 좋은데, PBR이 낮은 종목을 찾는 것이다.

그림 5-11 NH증권 제공 맞춤형 종목검색에서 조건 추가된 화면

종목 리스트 엑셀다운로드 2024.10.02 기준

종목코드	종목명	전일종가(원)	전일대비(%)	목표주가(원)	Action
A008260	NI스틸	4,150	-0.36		Action
A134380	미원화학	80,500	0.63		Action
A306200	세아제강	116,000	-0.94		Action
A054930	유신	22,050	-0.68		Action
A263770	유에스티	2,170	0.00		Action
A007370	진양제약	5,160	-2.82		Action

그림 5-12 NH증권 제공 맞춤형 종목검색 결과

추가된 조건으로 검색을 하면 6개의 종목이 추려져서 나온다. 단, 주의할 점은 맞춤검색을 통해 나오는 종목은 증권사 애널리스트가 커버하고 있지 않은 종목도 함께 나온다. 처음에는 추려서 나온 종목 중에 대기업 위주로 분석해보는 것을 추천한다.

국내 상장기업들의 PBR이 대부분 상당히 낮다. 단순히 낮은 PBR로만 종목을 검색하면 많기도 하고, 주가가 낮은 상태에서 횡보하는 종목들이 많다. 따라서 수익성 지표와 함께 보는 것이 중요하다. ROE가 높으면서, PBR이 낮고, 매출이 개선되는 종목을 찾으면 실패의 가능성이 낮다. 검색된 종목들은 모두 해당 조건을 충족하는데, 이 중에 증권사에서 커버하고 시가총액 규모가 큰 '세아제강'을 한번 살펴보자.

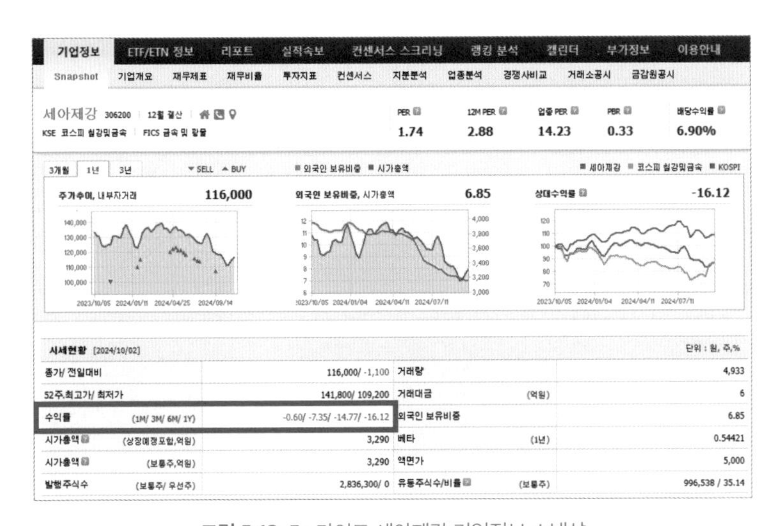

시세현황 [2024/10/02]				단위 : 원, 주,%
종가/ 전일대비		116,000/ -1,100	거래량	4,933
52주.최고가/ 최저가		141,800/ 109,200	거래대금 (억원)	6
수익률	(1M/ 3M/ 6M/ 1Y)	-0.60/ -7.35/ -14.77/ -16.12	외국인 보유비중	6.85
시가총액	(상장예정포함,억원)	3,290	베타 (1년)	0.54421
시가총액	(보통주,억원)	3,290	액면가	5,000
발행주식수	(보통주/ 우선주)	2,836,300/ 0	유동주식수/비율 (보통주)	996,538 / 35.14

그림 5-13 Fn 가이드 세아제강 기업정보 스냅샷

세아제강은 코스피에 속하는 종목으로, 철강 업종으로 분류가 된다. PER, PBR 모두 업종대비 상당히 낮고, 배당수익률이 6.9%로 상당히 높은 편이다. 그런데 최근까지의 주가 흐름은 좋지가 못하다. 1M/3M/6M/1Y 주식투자 수익률이 -0.6%/-7.35%/-

14.77%/-16.12%로 많이 저조한 수준이다. 주가가 이렇게 빠진 가장 큰 이유는 24년 실적 부진이 예상되기 때문이다.

다음처럼 Fn 가이드 세아제강 비지니스 서머리 부분 발췌에 실적 부진 예상의 이유가 나와있다.

"2024년 6월 전년동기 대비 별도기준 매출액은 10.5% 감소, 영업이익은 53.8% 감소, 당기순이익은 50.4% 감소, 구조용, 유정용 등 제품 매출액이 소폭 감소하고, 지급수수료, 수출개발비 등 판관비가 증가하여 수익성이 악화되었음. 동사는 대기, 수질오염물질은 법적 기준치 대비 30% 이내로 사내 관리기준을 설정하여 지속 관리하며, 환경경영 시스템의 인증을 유지관리하고 있음."

실적이슈(24/09기준, 분기)			
잠정실적발표예정일	예상실적 (영업이익, 억원)	3개월전 예상실적 대비 (%)	전년동기대비 (%)
미정	239	-44.42	-41.56

그림 5-14 Fn 가이드 세아제강 실적이슈

주식시장에서는 이미 공시된 정보를 통해 24년 2분기 실적자료가 나와 있고, 이 실적이 전년도 대비 반토막이 나온 상황이다. 그리고 앞으로 나올 24년 3분기 실적도 상당히 저조할 것으로 예상하고 있다. 이렇게 주가는 올해 실적을 반영하여 상당히 많이 하락했다.

다음은 Fn가이드의 Financial Highlight를 바탕으로 정리한 자료이다.

Financial Highlights

단위 : 억원, %, 배, 천주

구분	2021/12	2022/12	2023/12	2024/12(E)
매출액	14,974	18,018	18,609	17,355
영업이익	1,319	2,152	2,319	1,225
당기순이익	914	1,593	1,888	991
자산총계	12,282	14,651	15,359	15,459
부채총계	5,486	6,361	5,387	4,720
자본총계	6,796	8,290	9,973	10,739
부채비율	80.72	76.73	54.01	43.95
영업이익률	8.81	11.94	12.46	7.06
순이익률	6.10	8.84	10.15	5.71
ROA	8.02	11.83	12.58	6.43
ROE	14.34	21.12	20.68	9.56
DPS	3,500	6,000	8,000	7,875
PER	2.97	2.31	2.07	3.32
PBR	0.40	0.44	0.39	0.31
배당수익률	3.66	4.63	5.81	-

그림 5-15 Fn가이드 세아제강 파이낸셜 하이라이트

증권사에서 예상하는 24년 실적은 매출은 소폭 하락하지만, 영업이익은 -50% 수준으로 더 큰 폭으로 하락할 것으로 본다. 24년 예상실적을 바탕으로 했을 때 PER, PBR은 여전히 업종대비 낮은 수준이지만, ROE가 큰 폭으로 하락한다. 20%에서 9.5%로 꽤나 큰 폭으로 하락한다. 처음에 우리가 좋게 생각했던 이익률이 낮아지고, 주가는 하락할 것으로 예상이 된다. 주식시장은 이

런 부분을 선반영하여 지금 수준까지 하락했다. 그렇다면 25년 실적은 개설될 가능성이 높을까? 증권사에서 예측하는 25년 실적은 [컨센서스] 탭에서 확인해 볼 수 있다.

다음은 Fn가이드의 컨센서스를 바탕으로 정리한 자료이다.

구분	2021/12	2022/12	2023/12	2024/12(E)	2025/12(E)	2026/12(E)
매출액	14,974	18,018	18,609	17,355	17,871	18,029
전년동기대비(%)	30.15	20.33	3.28	-6.74	2.97	0.89
컨센서스대비(%)	5.61	-6.60	0.60	-	-	-
영업이익	1,319	2,152	2,319	1,225	1,455	1,627
전년동기대비(%)	146.34	63.07	7.78	-47.17	18.73	11.82
컨센서스대비(%)	8.15	-14.99	2.19	-	-	-
당기순이익	914	1,593	1,888	991	1,171	1,304
전년동기대비(%)	176.46	74.29	18.54	-47.55	18.17	11.43
컨센서스대비(%)	1.44	-17.78	11.12	-	-	-
PER	2.97	2.31	2.07	3.32	2.81	2.52
PBR	0.40	0.44	0.39	0.31	0.28	0.26

그림 5-16 Fn가이드 세아제강 컨센서스

증권사에서 추정하는 25년 매출과 영업이익은 다소 회복하는 것으로 나타난다. 수익성 개선이 나타난다면 주가는 현재 수준에서 상승할 가능성이 높다고 판단할 수 있다.

다만 증권사의 추정은 가까운 시점은 정확도가 높지만 멀어질수록 정확도가 떨어지고, 항상 긍정적으로 예상하는 경우가 많다는 점을 염두해야 한다.

이런 식으로 여러 종목들을 살펴보면서 각자의 스타일에 맞는 종목들을 찾아보자.

04

달리는 말에 올라타는 성장주 투자

성장주는 새로운 기술이나 혁신적인 제품을 개발하여 독점적인 지위를 얻을 가능성이 높은 기업을 의미한다. 현재의 수익성보다 미래 수익의 성장이 빠르게 일어나는 기업을 말한다. 함께 볼 수 있는 지표는 업종성장률, 매출성장률, 이익성장률 등이 있다. 성장주들은 현재 이익은 낮으나 성장 기대로 주가가 높아 PER, PBR이 높지만, 미래 높은 이익을 실현하면, 자연스럽게 정상적인 PER, PBR로 돌아온다. 따라서 성장주 투자는 현재 고PER, 고PBR 종목에 투자하는 전략이다.

성장주 투자를 하는 경우 투자하는 업종섹터이 중요하다. 시장에서 향후 성장성이 높다고 예상되는 섹터에 속하는 기업들이 성장주일 가능성이 높다. 2024년 현재 시점에서 유망한 업종을 보면 2차전지, 로봇, AI반도체, 헬스케어 등이 있다. 2차전지를 타겟으로 기업을 찾아보자.

No	종목명	시장	부채비율	유보율	매출액증가율	EPS증가율	ROA	ROE	EPS	BPS	PER	PBR	EV/EVITA
1	탑머티리얼	코	30.63	3,799.75	93.90	33.95	10.83	13.95	2,201	19,499	27.44	3.10	29.66
2	에코프로	코	67.45	6,310.75	91.05	흑전	18.96	30.61	1,591	6,411	81.31	20.18	76.02
3	제이오	코	45.94	4,184.00	69.23	흑전	12.38	18.00	564	4,284	48.62	6.40	52.25
4	코윈테크	코	118.26	2,429.22	58.79	흑전	3.01	6.71	714	12,282	39.30	2.28	21.49
5	윤성에프앤씨	코	114.71	20,085.72	48.80	-18.95	7.86	16.40	3,071	20,186	36.79	5.60	30.49
6	강원에너지	코	116.73	196.15	46.77	392.23	11.35	22.63	299	1,481	59.77	12.09	64.69
7	포스코퓨처엠	유	137.02	6,185.06	46.56	-72.02	0.64	1.32	415	31,425	865.25	11.42	189.74
8	에코프로머티	유	38.19	2,175.29	43.18	-70.97	0.58	0.91	85	11,584	2,209.28	16.27	311.80
9	코스모신소재	유	40.50	1,373.25	29.65	-2.92	4.81	7.41	862	14,732	170.83	10.00	99.16
10	더블유씨피	코	36.02	5,781.84	18.46	-10.29	4.85	6.10	1,746	29,409	25.48	1.51	17.42
11	엘앤에프	유	198.66	6,038.86	18.37	적전	-6.13	-16.10	-5,319	30,694	N/A	6.65	N/A
12	필에너지	코	92.45	1,108.33	3.69	적전	-3.21	-8.13	-323	6,042	N/A	3.04	21.17
13	SK아이이테크놀...	유	22.27	2,722.12	2.95	적지	-1.61	-1.97	-561	28,221	N/A	2.80	N/A
14	대주전자재료	코	158.74	2,062.58	2.09	흑전	0.55	1.45	124	10,813	695.43	7.99	107.57
15	새빗켐	코	56.33	2,217.75	-4.44	적전	-1.25	-1.86	-242	12,973	N/A	5.33	N/A
16	에코프로비엠	코	108.36	2,466.10	-7.90	적전	-3.18	-6.12	-801	12,841	N/A	22.43	103,957...
17	성일하이텍	코	63.87	5,277.20	-8.83	-13.58	7.81	11.79	3,009	26,886	36.26	4.06	143.58
18	LG화학	유	67.08	5,113.38	-11.88	-92.41	0.68	1.10	2,914	260,669	171.23	1.91	34.37
19	솔브레인	코	8.90	22,006.70	-24.08	-4.79	15.79	17.87	18,152	110,533	16.75	2.75	13.13
20	천보	코	151.33	4,685.21	-32.42	적지	-2.57	-5.98	-1,483	24,213	N/A	4.55	142.35

그림 5-17 Fn 가이드 랭킹 분석 2차전지 지표별 순위

No	종목명	기준	시장	자산총계	자본금	자본총계	매출액	영업이익	당기순이익
1	LG화학	2023/12	유	34,093,584	391,406	20,405,212	19,947,377	-109,149	228,126
2	에코프로	2023/12	코	1,383,614	13,314	826,290	260,007	226,632	211,873
3	솔브레인	2023/12	코	927,325	3,889	851,540	795,329	131,088	141,195
4	더블유씨피	2023/12	코	1,347,933	16,848	990,987	304,986	48,418	58,850
5	성일하이텍	2023/12	코	530,561	6,021	323,773	211,803	109	36,089
6	포스코퓨처엠	2023/12	유	5,756,556	38,732	2,428,682	4,457,201	34,959	32,140
7	코스모신소재	2023/12	유	672,673	32,511	478,782	629,579	32,325	27,036
8	율성에프엔씨	2023/12	코	345,814	798	161,063	312,881	26,488	24,506
9	탑머티리얼	2023/12	코	203,247	3,992	155,586	122,198	13,790	17,572
10	제이오	2023/12	코	196,536	3,157	134,666	114,494	12,023	17,419
11	코윈테크	2023/12	코	287,185	5,333	131,580	211,244	11,909	7,838
12	강원에너지	2023/12	코	83,833	13,062	38,682	100,978	6,513	7,824
13	에코프로머티	2023/12	유	1,104,235	35,121	799,097	952,523	8,773	5,045
14	대주전자재료	2023/12	코	392,100	7,740	151,540	133,475	6,117	1,923
15	새빗켐	2023/12	코	98,598	2,721	63,070	45,990	-4,903	-1,175
16	필에너지	2023/12	코	246,595	10,604	128,136	196,715	15,487	-6,209
17	천보	2023/12	코	598,327	5,060	238,068	63,822	3,649	-14,829
18	SK아이이테크놀로지	2023/12	유	2,460,180	71,298	2,012,102	319,929	-110,013	-39,994
19	에코프로비엠	2023/12	코	2,585,624	48,941	1,240,959	3,145,637	-62,221	-78,335
20	엘앤에프	2023/12	유	3,301,288	18,124	1,105,375	4,600,044	-224,140	-192,392

그림 5-18 Fn 가이드 랭킹 분석 2차전지 업종별 순위

Fn 가이드 화면에서 [랭킹 분석] - [지표별 순위]를 선택하고, [기준] 탭에서 [FnGuide 2차전지 소재 주도주 지수]를 선택하고 조회를 누르면 이 지수를 구성하고 있는 종목의 수익성 지표 및 PER, PBR 자료를 보여준다. 2차 전지 업종을 대표하는 기업들이다. [지표별 순위] 앞에 [업종별 순위] 탭을 선택해서 검색하면 자산, 매출액, 당기순이익의 지표들도 보여준다.

수익성 지표를 보면 대부분의 멀티플PER, PBR 등을 의미이 높은 것을 확인할 수 있다. 특히 그림 5-17에서 지표별 순위 8위에 있는 에코프로머티의 경우 PER이 2,200배가 넘는다. 매출액 증가율은 아직 크지 않지만 향후 성장 가능성에 대해 시장에서 엄청 높은 가치를 매기고 있다. 전기차 산업은 아직 초기단계로 향후 성숙하면 2차전지 산업도 함께 성장할 것이라는 기대가 주가에 반영되어 있다.

우리는 이 기업들 중에서 '포스코퓨처엠'을 살펴보자. 선정 기준은 대기업 그룹에 속하는 기업이기 때문이다.

포스코퓨처엠은 성장주로, 역시나 PER은 671배로 업종 PER 대비 상당히 높다. 대표적인 2차전지 양극제와 음극제를 동시에 생산하는 업체이다. 2차전지에 핵심소재를 모두 개발하는 흔치 않은 기업으로 LG에너지솔루션, 포스코 등 대기업을 주요 고객사로 보유하고 있다. 주가는 최근 전기차 배터리 화재, 2차전지 캐즘일시적 수요 감소 논란으로 하락세를 보였다. 책을 집필하고 있는 현재 국내 주식시장의 침체의 영향도 있다. 주가 하락에도 불구하고 고PER를 유지하고 있는데, 외국인이 주식 보유비중을 꾸준히 증가시키고 있기 때문이다. 주식을 매수하는 세력을 크게 기관투자자, 외국인 투자자, 개인 투지지로 나누는데 기관과 외국인 투자자는 장기적으로 투자하는 세력으로 꾸준히 보유비중을 높인다는 것은 긍정적인 신호로 시장은 받아들인다.

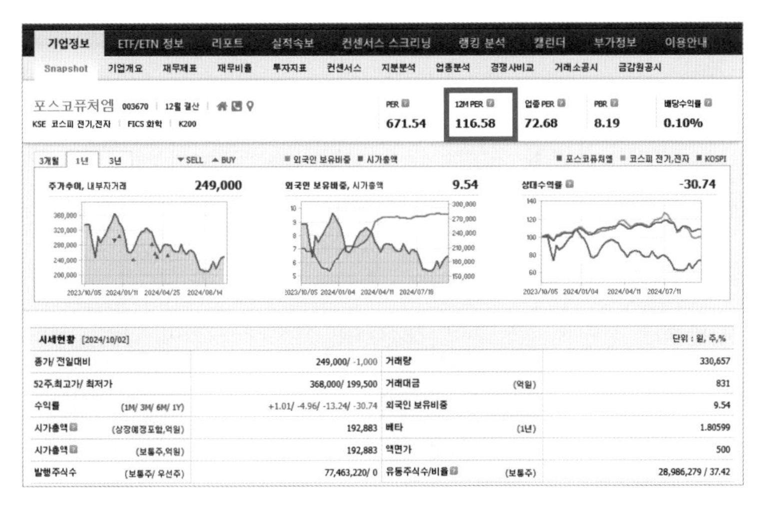

종가/ 전일대비		249,000/ -1,000	거래량		330,657
52주.최고가/ 최저가		368,000/ 199,500	거래대금	(억원)	831
수익률	(1M/ 3M/ 6M/ 1Y)	+1.01/ -4.96/ -13.24/ -30.74	외국인 보유비중		9.54
시가총액	(상장예정포함,억원)	192,883	베타	(1년)	1.80599
시가총액	(보통주,억원)	192,883	액면가		500
발행주식수	(보통주/ 우선주)	77,463,220/ 0	유동주식수/비율	(보통주)	28,986,279 / 37.42

그림 5-19 Fn 가이드 포스코퓨처엠 기업정보

그림 5-19에서 '포스코퓨처엠' 글씨 우측에 PER 671.54가 있고, 바로 옆에 '12M PER'이 있는데, 이것은 12개월 이후의 당기순이익을 추정하여 계산한 PER이라는 의미이다. 1년 뒤 실적이 개선될 것으로 예상하므로 116.58배로 현재 PER 671배보다는 낮아졌다.

그림 5-20을 보면 증권사에서 추정한 2024년 실적을 볼 수 있다. 성장주답게 매출액은 21년부터 꾸준히 상승했으나 영업이익은 작년에 다소 하락했다. 24년 예상 영업이익은 다시 1천억을 상회할 것으로 예상이 되고, 그에 따라 24년 실적 예상치를 기반으로 한 PER은 230배이다.

그림 5-19, 20에서 확인되는 PER을 정리해 보면 현재(24년 9

월) 671배, 24년 말(추정) 230배, 25년 9월(12M PER) 116배로 하락한다. 성장주의 특징으로 현재시점에 미래의 기대를 가지고 높은 PER이 용납될 정도로 주가가 많이 오르고, 이후 실적이 받쳐주면서 PER은 감소하게 된다. 그 와중에 주가는 계속해서 상승할 것이고, 투자 수익률도 높아진다는 것이다. 성장주에 대한 투자 관점은 상당히 복잡한 의사결정이 필요하지만 여기서는 논의를 단순히 해서 제시했다.

Financial Highlights

단위 : 억원, %, 배, 천주

구분	2021/12	2022/12	2023/12	2024/12(E)
매출액	19,895	33,019	47,599	42,986
영업이익	1,217	1,659	359	1,138
당기순이익	1,338	1,219	44	805
자산총계	39,225	46,375	63,346	84,696
부채총계	14,841	19,868	37,231	57,775
자본총계	24,384	26,506	26,115	26,921
부채비율	60.86	74.96	142.57	214.61
영업이익률	6.12	5.02	0.75	2.65
ROA	4.45	2.85	0.08	1.09
ROE	7.92	4.87	1.19	3.51
PER	82.49	117.90	968.22	230.10
PBR	4.67	5.63	11.80	7.94

그림 5-20 Fn가이드 포스코퓨처엠 파이낸셜 하이라이트

05

은행이자 좋아하는 사람을 위한 배당주 투자

주식은 기업에 대한 소유권, 경영에 참여할 수 있는 의결권, 이익 배분에 참여할 수 있는 배당 받을 권리를 가지고 있다. 배당을 많이 하는 주식에 투자하는 것을 배당주 투자라고 한다.

배당은 기업이 1년 동안 물건을 팔아서 벌어들인 수익 중에서 비용을 제하고 남은 당기순이익 중에서 주주에게 배분하는 금액을 의미한다. 벌어들인 수익 중에 얼마를 배당할지는 기업에서 정하게 되는데, 이 비율이 높은 기업을 찾아보자.

배당주를 찾기 위해서 기준이 되는 지표는 시가배당률이다.

$$\text{시가배당률} = \frac{\text{전년도 1주당 배당금}}{\text{현재 주가}}$$

전년도 1주당 배당금은 과거에 배당으로 지급한 금액이다. 따라서 올해도 동일한 금액을 배당할 것이라고 기대하기는 어렵다. 하지만 배당을 많이 하는 기업들은 항상 예측 가능한 수준으로 배당을 하려고 노력하기 때문에 올해 당기순이익이 크게 하락한 것이 아니라면 어느 정도 비슷한 금액으로 배당을 하게 된다.

또한 시가배당률은 주식 가격이 변하면 계속 변화한다. 주가가 크게 하락하면 시가배당률이 높아지고, 주가가 오르면 낮아진다. 안정적인 배당수익을 얻기 위해서는 적정한 투자 타이밍을 잡는 것도 중요하다.

기업의 1년 동안의 수익에서 배당을 받기 위해서 주식을 1년 동안 보유해야 할까? 아니다. 특정일 전까지만 주식을 보유하고 있으면 된다. 이를 배당기준일이라고 한다. 보통 사업연도가 끝나는 시기를 결산시점이라고 하는데, 우리나라는 12월 결산 법인이 많다. 12월 결산 법인의 경우 결산이 끝나기 전에 주식을 보유하고 있어야 배당을 받을 권리가 생긴다. 따라서 12월 31일에 주식을 보유하고 있어야 한다(12월 결산보다는 수가 적지만 3월 결산 법인도 있고, 분기나 반기에 배당을 하기도 한다).

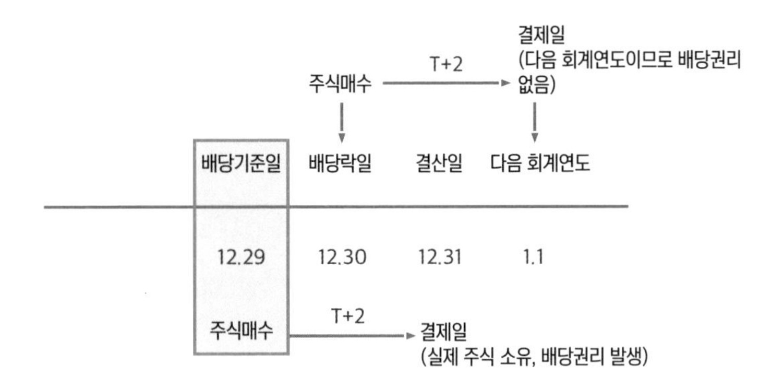

그림 5-21 배당 관련 일자

그런데 주식을 매수하면 실제 돈을 지급하는 결제일은 이틀 후가 된다. 돈을 지급해야 주식의 소유권이 생기므로 배당 받을 권리도 그때 생긴다. 따라서 배당을 받기 위해서는 늦어도 12월 29일에는 주식을 매수해야 한다.

투자자가 12월 29일에 10,000원짜리 주식을 매수해서 배당을 받을 권리을 얻었다고 하자. 이 기업은 기대되는 배당금이 1,000원이라고 한다면, 12월 30일에 주식을 매수하는 사람은 1,000원을 받을 권리가 없다. 이 하루 차이 때문에 1,000원의 이익이 좌우된다. 그렇다면 12월 30일에 사는 사람에게는 이를 보상해줄 필요가 있는데, 강제적으로 배당금만큼 주식가격을 하락시킨다. 이를 배당락이라고 한다. 그래서 배당락일은 배당기준일 다음날이 된다. 많은 주식들이 12월 30일에 주가가 하락하니 놀라지 않기를 바란다.

그렇다면 배당을 많이 주는 주식을 어떻게 찾을 수 있을까? 2024년 배당을 많이 줄 것으로 예상되는 기업들은 단순하게 2023년에 결산 후 배당을 많이 준 기업을 찾으면 된다.

키움증권의 HTS에서 배당주를 검색할 수 있다. HTS를 실행하고 검색창에 '배당주검색'을 입력해보자. 그럼 다음의 종목 리스트를 얻을 수 있다.

[1457] 배당주검색

○전체 ◉코스피 ○코스닥 * 재무데이터는 전년도 결산기준입니다. 안내 기업분석 조회 다음

배당금 1 ~ 99,999 배당수익률 5% ~ 1,000% 배당성향 0% ~ 1,000%

종목명	현재가	배당금	배당수익률	배당성향	ROE	PER	PBR
스타에스엠리츠	2,650	961	36.3%	220.2%	5.2	6.07	0.34
예스코홀딩스	45,400	8,750	19.3%	222.1%	5.0	11.52	0.53
에이블씨엔씨	7,560	1,427	18.9%	610.8%	6.1	32.36	2.24
NH프라임리츠	4,535	531	11.7%	77.5%	12.2	6.62	0.77
미래에셋글로벌	2,905	298	10.3%	358.6%	1.6	34.95	0.57
하나투어	49,300	5,000	10.1%	170.5%	32.0	16.81	3.87
케이탑리츠	1,026	95	9.3%	39.3%	11.9	4.24	0.48
미래에셋맵스리	3,105	287	9.2%	104.9%	6.2	11.34	0.69
현대엘리베이	43,800	4,000	9.1%	49.8%	26.2	5.45	1.21
SK디앤디	8,870	800	9.0%	18.8%	14.1	2.08	0.28
넥스틸	8,010	700	8.7%	12.8%	35.5	1.46	0.47
디앤디플랫폼리	3,450	291	8.4%	597.0%	1.0	70.78	0.72
한온시스템	3,900	316	8.1%	330.9%	2.2	40.83	0.88
이지스밸류리츠	5,200	414	8.0%	48.1%	9.5	6.04	0.66
한국쉘석유	317,000	25,000	7.9%	86.9%	31.3	11.02	3.27

그림 5-22 HTS 배당주검색 결과 화면

가장 높은 배당수익률을 보여주는 종목명이 스타에스엠리츠인데, 이는 부동산 리츠 상품으로 급격한 주가 하락으로 배당수익률이 높아 보이는 것이므로 제외하자. 예스코홀딩스의 경우 앞

에서 한번 언급을 했던 종목으로 작년에 8,750원의 배당을 했다. 일시적으로 크게 증가한 금액으로 2021년에 2,250원, 22년에 2,500원 수준으로 배당을 했다. 2024년 배당도 2~3천 원 수준으로 예상하면, 7% 내외로 예상된다. 이렇게 배당수익률을 볼 때는 과거 추세를 함께 살펴봐야 한다. 여기서는 '한국쉘석유'라는 종목을 한번 살펴보자.

그림 5-23 Fn 가이드 한국쉘석유 기업정보

Financial Highlights

단위 : 억원, %, 배, 천주

구분	2021/12	2022/12	2023/12
매출액	2,414	3,016	3,205
영업이익	380	351	423
당기순이익	290	267	374
자산총계	1,657	1,723	1,884

부채총계	562	594	622
자본총계	1,096	1,130	1,262
자본금	70	70	70
부채비율	51.26	52.57	49.32
영업이익률	15.76	11.63	13.20
순이익률	12.03	8.86	11.66
ROA	18.48	15.81	20.73
ROE	27.97	24.02	31.27
DPS	19,000	18,000	25,000
PER	11.52	11.36	7.86
PBR	3.06	2.69	2.33
배당수익률	7.38	7.71	11.06

그림 5-24 Fn가이드 한국쉘석유 파이낸셜 하이라이트

한국쉘석유는 윤활유에서 글로벌 1위의 기업인 로열 더취 쉘 그룹의 일원으로 윤활유 및 기타 석유제품을 제조 판매하는 기업이다. 로열 더취 쉘 그룹이 53.85% 지분을 보유하고 있고, 높은 글로벌 경쟁력을 보유하고 있어 안정적인 매출과 수익을 보여주고 있다. 안정적인 수익성을 바탕으로 매년 높은 배당을 시행한다. 그림 5-24의 하단 부분에 DPS라는 항목이 있다. DPS는 Dividend Per Share라는 의미로 1주당 배당금을 의미한다. 앞에서 언급했던 EPS, BPS와 유사한 지표이다.

한국쉘석유의 DPS를 보면, 21년 19,000원, 22년 18,000원, 23년 25,000원으로 7% 이상의 배당수익률을 매년 보여주고 있다. 24년 반기까지 당기순이익이 217억 원으로 23년 당기순이익 374억 원 이상을 달성할 것으로 예상되므로 올해도 7% 이상의 배당

수익률이 예상된다.

그리고 최근에 주가 상승흐름도 좋다. 외국인 보유비중이 확대되면서 1년간 투자 수익률이 +37%를 기록하고 있다.

이런 식으로 배당에 투자할만한 주식들을 찾아볼 수 있다. 배당수익률은 보통 은행 예금이나 채권 금리보다는 더 높아야 의미가 있다. 예금과 채권은 가격의 변동성이 없거나 낮은데 비해 배당주는 수익률이 높은 대신에 가격의 변동 위험을 감안해야 되기 때문이다. 따라서 현재 기준으로 5% 이상의 배당수익률이 나오는 종목을 선정하는 것이 좋다. 또한 하나의 종목만이 아니라 여러 종목을 함께 투자해 위험을 분산하는 것이 좋다.

기업정보 | ETF/ETN 정보 | 리포트 | 실적속보 | 컨센서스 스크리닝 | 랭킹 분석 | 캘린더 | 부가정보 | 이용안내

업종별 순위 | 지표별 순위 | ETF 순위

랭킹분석 기준 Wealth 고배당 20 항목 개별 전체 조회

지표별 순위 [Wealth 고배당 20 | 개별 | 전체 | 최근결산월기준] 단위 : %, 원, 배 Download Show Columns

No	종목명	시장	부채비율	유보율	매출액증가율	EPS증가율	ROA	ROE	EPS	BPS	PER	PBR	EV/EVITA
1	우리금융지주	유	7.44	531.18	152.17	18.52	5.60	6.07	1,926	31,919	6.75	0.41	
2	JB금융지주	유	35.16	132.68	56.96	-42.86	6.35	8.62	987	11,634	11.54	0.98	
3	기업은행	유	1,299.70	600.12	46.89	-1.76	0.59	8.50	3,024	36,975	3.92	0.32	
4	BNK금융지주	유	31.89	224.23	29.53	3.38	4.52	5.91	968	16,405	7.37	0.44	
5	NH투자증권	유	652.18	299.49	18.03	26.11	0.84	6.23	1,241	20,315	8.32	0.51	
6	케어젠	코	8.79	5,382.82	14.63	46.06	16.59	18.02	743	5,483	36.99	5.02	32.56
7	현대엘리베이	유	101.04	562.31	13.60	111.36	9.99	19.65	6,173	35,957	7.18	1.23	16.28
8	현대해상	유	615.34	13,736.28	8.25	-37.12	1.80	10.41	9,013	69,181	3.44	0.45	
9	삼성화재	유	425.72	65,583.54	8.00	19.15	2.15	12.45	34,714	343,875	7.58	0.76	
10	한전KPS	유	25.15	13,975.36	6.81	65.35	10.31	13.07	3,597	28,151	9.47	1.21	6.15
11	DB손해보험	유	459.20	24,837.97	6.11	-21.07	3.28	17.17	21,705	124,690	3.86	0.67	
12	LG유플러스	유	124.51	233.45	3.58	-2.33	3.43	7.77	1,480	19,658	6.91	0.52	3.19
13	SK텔레콤	유	139.51	35,114.88	1.41	21.88	4.12	10.18	4,843	49,070	10.35	1.02	4.42
14	삼성카드	유	251.70	1,287.65	-1.52	-1.67	2.09	7.60	5,238	73,634	6.18	0.44	
15	제일기획	유	114.65	3,783.69	-2.84	-56.61	2.07	4.15	237	7,767	80.18	2.45	21.16
16	KT&G	유	32.45	849.72	-2.91	-15.47	7.84	10.13	5,898	67,772	14.73	1.28	10.64
17	코리안리	유	263.55	4,054.57	-11.65	-6.28	2.50	9.46	1,738	20,773	4.11	0.34	
18	하나금융지주	유	30.80	1,181.20	-23.01	48.80	6.77	8.97	5,739	65,788	7.56	0.66	
19	DGB금융지주	유	32.54	302.09	-29.50	21.86	4.14	5.54	1,082	20,104	7.84	0.42	
20	동국제강	유	105.17	594.33					2,866	34,717	4.20	0.35	3.97

그림 5-25 Fn 가이드 랭킹 분석 고배당 지표별 순위

Fn 가이드 사이트에서 [랭킹 분석] - [지표별 순위]로 들어가서 기준지수로 'Wealth 고배당 20'을 선택하고 조회를 누르자. 그러면 그림 5-25처럼 20개 종목의 배당 주식이 나타난다. 대부분 은행업종의 금융지주나 보험사, 대기업 중 안정적인 사업을 영위하는 기업들이 많다. 특히 금융지주의 경우 사업도 안정적이고, 1년에 한 번만 배당하지 않고, 반기나 분기별로 배당을 하기 때문에 더욱 투자 매력이 높다. 이런 종목들 몇 개를 포트폴리오로 구성하면 안정적이면서 높은 배당수익을 올릴 수 있을 것이다.

Check!

유행은 주식시장에도 있다, 테마주

테마주는 상장 주식들 중 동일한 이벤트로 함께 움직이는 주식 종목군을 의미한다. 최근 우리나라에서 인기가 높았던 2차전지 종목이나 변동성이 높은 바이오주들이 이에 속한다. 테마주들은 뉴스나 공시 등으로 이슈화되기 때문에, 투자 상승을 노린 개인 투자자들이 많이 모여들게 되고, 기업의 펀더멘털보다는 투자 수요로 인해 가격이 급등하는 경우가 많다. 대형주는 개인 투자자들에 의해 주가 급등을 이루기는 어려우므로, 보통 소형주에서 주가 변동성이 크게 나타난다. 테마주의 예시를 몇 개 들어보면 다음과 같다.

동전주 테마

동전주란 주가가 천원 미만인 주식을 의미한다. 주로 주가가 상당히 낮아 소형주로 분류된다. 실제 2015년 상한가 제한이 15%에서 30%로 변경되었는데, 동전주들이 급등하는 현상이 나타났다. 상한가 제한이 완화되면, 대형주보다 소형주의 주가 상승이 더 쉽게 일어날 것이라는 좀 황당한 기대심리 때문에 나타난 현상으로 업종과 무관하게 가격만으로 테마가 형성된 사례이다.

대북 테마주

북한과의 연관성 때문에 발생하는 테마주들이다. 금강산 관광산업의 개발권을 가지고 있는 현대상선이 대표적인 대북관련주로 관계가 개선될 때는 어김없이 상승하는 종목이다. 북한과의 관계가 개선되는 구간에서는 대북경협과 관련한 종목들이 강세를 보이는데, 토목이나 건설 관련주, 철도나 전기설비와 같은 인프라 관련 업종이 강세를 보인다. 반대로 관계가 악화되는 구간에서는 방위산업 관련 종목들이 강세를 보인다.

정치 테마주

우리나라는 대통령 선거가 있는 시점에 대선 후보들과 관련 있는 종목들이 급등하는 경향을 보인다. 2012년 대선 때가 대표적으로 안철수, 문재인, 박근혜 관련주들이 후보들의 여론조사 결과에 따라 등락을 거듭했다. 실제 관계성과는 별개로 '~카더라' 정도의 뉴스만으로도 주가가 큰 폭으로 변동했다. 2007년 이명박 전 대통령의 후보시절부터 당선된 이후까지 4대강 사업과 관련하여 한반도 대운하 종목들이 강세를 보였다.

석유개발 테마주

가장 최근에 있었던 포항 영일만 유전개발 발표로 석유개발과 관련된 테마주들이 급등했다. 실제 매장량이나 경제성 분석이 나오기도 전에 관련주들의 주가가 상승했는데, 한국가스공사나 포스코인터내셔널 같은 자원개발 관련 종목들이 강세를 보였다. 그런데 이름에 석유만 들어간 한국석유라는 종목은 전혀 관련성이 없는데, 석유라는 이름 때문에 같은 테마주로 분류되어 상한가를 기록하기도 했다(한국석유는 아스팔트와 합성수지를 생산하는 기업).

날씨 테마주

전통적으로 계절에 따라 선호되는 주식이 달라지면서 발생하는 테마주들이다. 여름에 폭염이 예상된다면, 아이스크림을 만드는 빙그레, 에어컨을 생산하는 위니아, 드라이아이스를 만드는 태경케미컬, 선풍기 만드는 신일전자 등의 종목들의 상승률이 높아진다. 여름에 여행수요가 많아질 것으로 예상해 하나투어 같은 여행주들이 상승하기도 한다. 반대로 겨울에 한파가 예상된다면 난방과 관련된 대성에너지, 경동나비엔 종목이나 패딩 수요의 증가로 F&F, 영원무역 같은 의류 업체들의 주가가 상승한다. 날씨와 관련된 종목들은 다른 테마주들과는 달리 예측가능성이 높아 미리 주가에 반영되는 경우가 많다.

Part 6

어렵지 않은 미국 주식 투자

Intro

미국의 시가총액 상위 기업들을 자세히 살펴보면 이름도, 기업 로고도 익숙한 경우가 많을 것이다. 애플, 엔비디아, 마이크로소프트, 구글, 아마존, 메타, 테슬라 등 뉴스에서 많이 나오고, 우리의 일상생활에서 밀접하게 관련되어 있는 기업들이 많다. 우리에게 익숙할 뿐만이 아니라 명실상부 해당 업종에서 글로벌 1위 기업들이다. 주식 관점에서 봐도 재무구조가 탄탄하고, 성장성도 높으며, 주주 친화적이어서 주가 상승률도 높은 기업들이다.

주식을 처음 투자할 때, 생전 처음 듣는 이름의 회사보다는 주변에 친숙한 기업들부터 시작해 쉽게 접근해 보라는 조언을 많이 듣는다. 미국 기업들은 어떤가? 우리에게 이제 미국 기업들도 한국 기업 못지않게 친숙하지 않은가?

이제는 미국 주식을 더 이상 생소하게 느낄 이유가 없고, 한국 주식만큼 거래도 쉽게 할 수 있다. 만약 내 핸드폰이 애플인데 디자인도, 성능도 만족스럽게 사용하고 있다면 애플 주식도 한번 사볼 수 있고, 테슬라 유저인데 차량에 대한 만족도가 높다면 테슬라 주식도 계좌에 담을 수 있다. 그러면 내가 갖고 있는 주식에 대해 더 관심과 애정이 가게 되지 않을까? 사랑하면 알게 되고, 알게 되면 보인다고 했다. 주식도 그러하다.

01

나만 없는 미국 주식, 왜 사야 할까?

지금까지 국내 주식 투자를 하는 방법을 알아보았다. 책을 읽으면서 느꼈을 수도 있지만 글을 쓰는 현재 시점에 국내 증시 상황이 좋지 않았다. 특히 삼성전자의 실적 하향 이슈가 발생하면서 코스피의 전반적인 하락을 이끌었고, 이스라엘 중동간의 전쟁 리스크로 투자 심리가 상당히 약세였다. 이런 상황에서 국내 주도주들의 하향이 도드라졌는데, 비슷한 글로벌 이슈에도 미국의 증시는 상당히 견고하게 흘러 갔다.

뒤에서도 살펴보겠지만 같은 기간동안 주식 투자 수익률이 한국에 비해 미국이 월등하게 높았다. 한국 주식에만 투자를 했다면 미국 주식의 상승을 부러운 눈으로 바라볼 수밖에 없다.

미국과 한국 증시 움직임이 서로 달랐다는 것은 금융 용어로 '상관관계가 낮다'라고 이야기한다. 다시 말해 상관관계가 낮으면 주가 흐름이 다르다는 의미다. 개별 종목별로 상관관계가 낮으면 서로의 주가 움직임을 보완해주는 효과가 있다. 예를 들어 주식시장에 영향을 주는 뉴스에 어떤 종목은 하락하는데, 어떤 종목은 반대로 상승하는 경우가 있다. 이런 종목들을 여러 가지로 보유하고 있으면, 이들 종목의 상승과 하락이 서로 상쇄되면서 내가 가진 주식의 전체 수익률의 변동성을 줄여준다. 이를 포트폴리오 효과라고 한다. 포트폴리오 효과로 주식의 변동성이 줄어들었다는 말은 '위험이 분산되었다'고도 한다. 미국과 한국의 주식은 과거 오랜 기간 상관관계가 높았다. 서로 같은 방향으로 움직였다는 말이다. 그런데 최근 몇 년간 서로 다른 움직임이 나타났고, 상관관계가 낮아졌고 이는 투자 수익률의 차이로 나타났다.

따라서 미국주식에 대한 투자를 이런 포트폴리오 관점에서 접근해보면 좋을 것 같다. 물론 개별 주식 자체의 투자 매력도 아주 높다.

1) 달러에 대한 투자 효과

포트폴리오, 즉 내 자산을 구성할 때 상관관계를 보는 것이 중요하다. 흔히 계란은 한 바구니에 담지 말라는 말을 한다. 한 바구니에 계란이 가득 들어있는 것보다 여러 바구니에 나누어 담으면 혹시라도 바구니를 엎질렀을 때 모든 계란이 깨지는 것을 방지할 수 있다. 내 자산 역시 여러 군데 분산 투자하는 것이 중요하다. 부동산도 있고, 주식도 있고, 채권도 있다면 부동산 시장이 침체일 때 주식에서 수익을 볼 수 있고, 주식 시장이 침체일 때 채권에서 그나마 수익을 얻을 수 있기 때문이다. 앞서 말한대로 이를 '포트폴리오 효과'라고 하는데, 같은 주식끼리도 보유하고 있는 주식들의 상관관계가 낮으면 위험을 분산시킬 수 있다.

우리는 미국 주식에 투자함으로써 우리의 포트폴리오에 달러를 담는 효과를 볼 수 있다. 미국 주식은 달러로 매수되는데 달러는 대표적인 글로벌 안전자산이다. 글로벌 경제가 좋지 않아 한국 주식이 급락할 때, 미국 주식도 하락하겠지만 달러는 안전자산이므로 원/달러 환율이 오를 수 있다. 즉, 주가에 대한 손실을 달러에 대한 이익으로 상쇄할 수 있다. 그러므로 미국 주식에 투자는 달러에 대한 투자와 같은 말이고, 위험을 분산하는 방법 중의 하나이다.

2) 높은 투자 수익률

미국 주식에 투자해야 하는 또 다른 이유로, 미국 주식 투자 수익률이 더 높기 때문이다.

그림 6-1은 미국의 대표적인 투자지수인 S&P500과 코스피 지수 간의 움직임과 누적 수익률을 나타내는 그래프이다. 위의 파란선이 미국 S&P500 지수이고, 아래 빨간선이 코스피 지수이다.

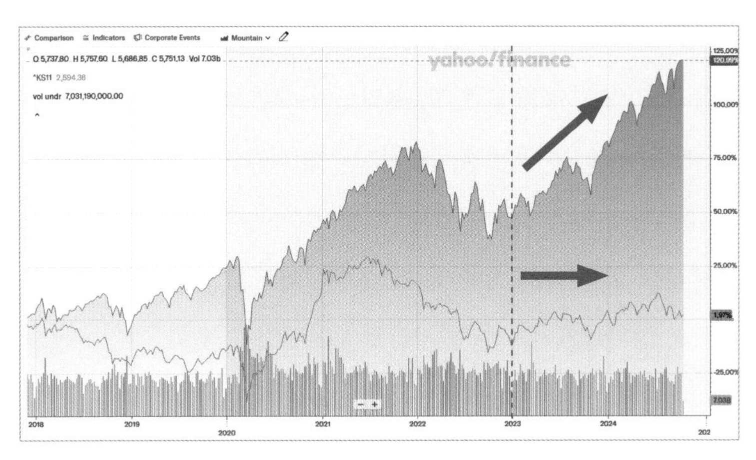

그림 6-1 S&P500과 코스피 지수 누적 수익률

2018년 초부터 코로나 시점을 지나 현재(2024년 10월말) 코스피의 주가수익률은 1.97%였는데, S&P500은 120%를 넘는 주가 수익률을 기록했다. 코스피 지수는 2021년 고점 이후 하락하면서 횡보하는 국면을 보였지만 S&P500지수는 2022년 말부터 대세 상승을 시작하여 상승폭을 확대하였다. 역사상 최고점을 갱신하면서 올라갔다. 미국과 한국의 주가 방향성이 코로나를 극복한 이후부터 크게 변했다는 것을 그래프로 확인할 수 있다.

미국에 투자를 할 필요성은 포트폴리오 효과도 중요하지만, 실제 수익률 측면에서만 봐도 매력적인 투자이다.

3) 글로벌 1등 기업에 대한 투자

미국의 주식시장 규모를 한번 살펴보자.

미국의 주식시장 규모는 세계 1위로, 전세계 시가총액의 50%

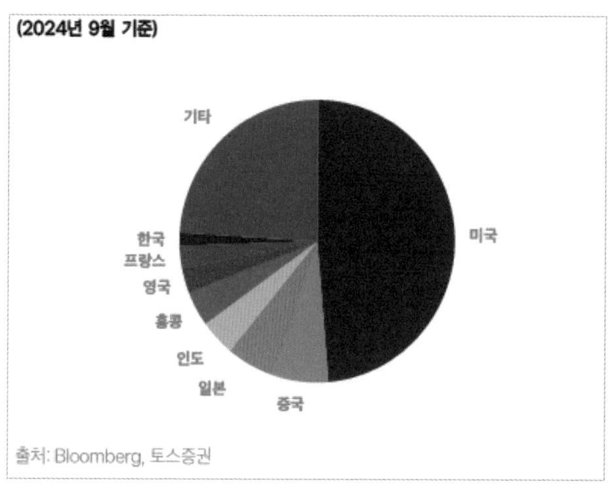

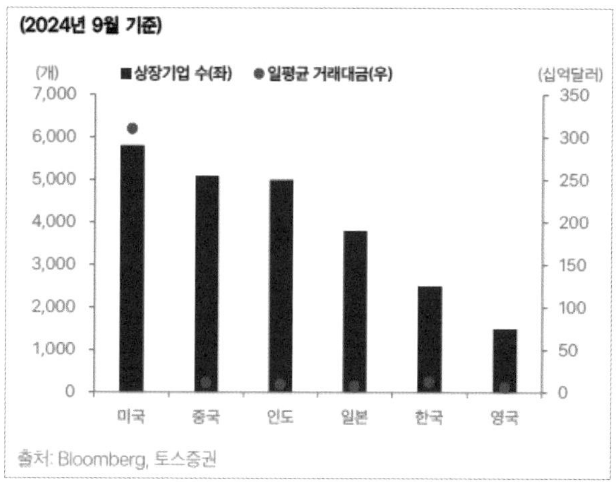

그림 6-2 세계 주식시장 규모

를 차지한다. 뉴욕증권거래소(NYSE)에는 2,400여개의 주식이 거래되고, 시가총액은 40조 달러에 달한다. 나스닥NASDAQ 시가총액은 56억 달러를 넘고 미국의 두 거래소 시가총액을 합치면 100조 달러에 달하는 어마어마한 시장이다. 특히 미국 시총시가총액 1위인 애플의 시가총액은 3.4조 달러로 코스피 시총 1.9조 달러를 훨씬 상회한다. 미국 기업 하나의 시총이 한국의 유가증권 시장보다 크다는 의미이다.

일평균 거래대금도 3,000억 달러를 넘고 국내 증시 대비 10배가 넘는다. 시장이 크다는 것은 좋은 기업들이 많다는 의미이고, 일부 세력에 의해 주가 움직임이 왜곡될 가능성도 낮다. 많은 기관투자자와 증권사들이 관심을 가지고 기업을 분석하기 때문에 공개된 정보들도 많고, 시장에 많은 정보들이 공개될수록 '정보의 비대칭'이 낮아서 일반 투자자들이 시장에 접근하기가 쉬워진다.

미국의 대표적인 기업도 한번 알아보자.

그림 6-3은 엔비디아라는 종목에 대한 내용이다. 야후 파이낸스라는 사이트에서 찾은 자료로 이 파트 맨 마지막에 자료를 보는 방법에 대해서 설명하겠다.

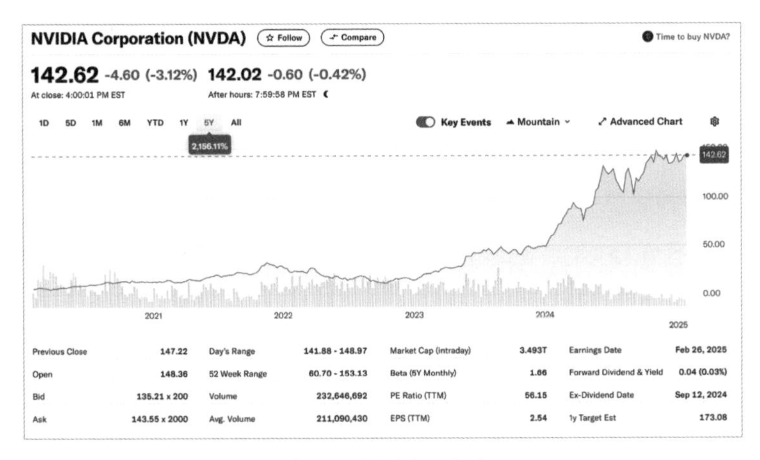

Previous Close	147.22	Day's Range	141.88 - 148.97	Market Cap (intraday)	3.493T	Earnings Date	Feb 26, 2025
Open	148.36	52 Week Range	60.70 - 153.13	Beta (5Y Monthly)	1.66	Forward Dividend & Yield	0.04 (0.03%)
Bid	135.21 x 200	Volume	232,646,692	PE Ratio (TTM)	56.15	Ex-Dividend Date	Sep 12, 2024
Ask	143.55 x 2000	Avg. Volume	211,090,430	EPS (TTM)	2.54	1y Target Est	173.08

그림 6-3 엔비디아 주식 정보

엔비디아는 미국 주식 중 최근 5년간 주가 상승률이 가장 높은 종목 중 하나이다. 5년 주가 상승률이 무려 2,156%이다. 시가총액은 무려 3조달러, PER은 56.15배로 상당히 고평가 되어 있는 종목이고, 배당수익률은 0.03%로 낮은 편이다. 성장주는 벌어들인 수익의 많은 부분을 재투자하기 때문에 배당수익률은 낮은 편이다. 이제 여러분들은 기업에 대한 이런 이야기가 좀 익숙해져 있을 것이다. 한국 주식을 보는 방식이나 미국 주식을 보는 방식은 동일하다.

그림 6-4는 애플의 주가 자료이다.

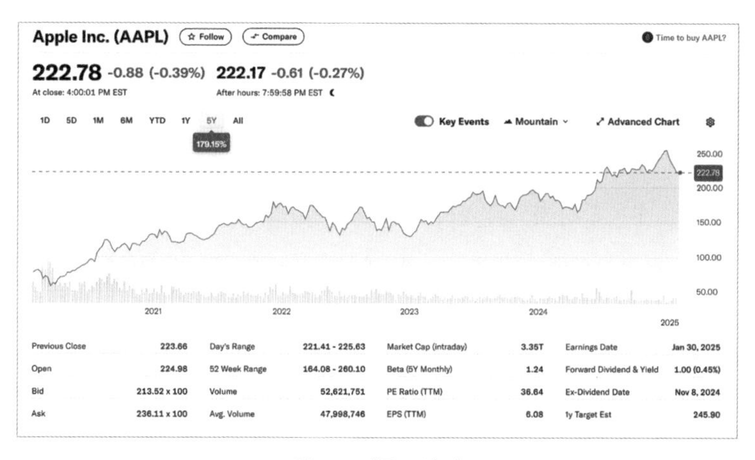

Previous Close	223.66	Day's Range	221.41 - 225.63	Market Cap (intraday)	3.35T	Earnings Date	Jan 30, 2025
Open	224.98	52 Week Range	164.08 - 260.10	Beta (5Y Monthly)	1.24	Forward Dividend & Yield	1.00 (0.45%)
Bid	213.52 x 100	Volume	52,621,751	PE Ratio (TTM)	36.64	Ex-Dividend Date	Nov 8, 2024
Ask	236.11 x 100	Avg. Volume	47,998,746	EPS (TTM)	6.08	1y Target Est	245.90

그림 6-4 애플 주식 정보

애플은 아이폰과 아이패드, 맥북을 생산하는 대표적인 미국의 IT기업이다. 최근 5년간 주가 상승률은 179%이다. 애플의 시가총액 역시 3조달러가 넘고, PER은 36배 수준이다.

엔비디아와 애플은 글로벌 1등 기업들로 엄청난 매출액과 영업이익을 보여주고 있으며, 시가총액도 어마어마한 수준이다. 국내 주식과는 비교도 안된다. 이런 기업들이 미국 시장에는 무수히 많고, 미국시장에 투자하는 것은 한국시장에 투자하는 것처럼 쉽다. 미국 주식에 투자하지 않을 이유가 없다.

4) 주주 친화적인 미국 기업

미국 주식에 투자해야 하는 이유 중 마지막으로는 미국 기업들은 주주 친화적이라는데 있다.

글로벌 1위의 경쟁력을 가지고 있는 기업들인데, 국내 기업보다도 '주주 친화적'이다. 주주 친화적이다는 것은 주주의 편에 서서 주주에 유리한 정책을 많이 펼친다는 것인데, 예를들어 배당 정책과 자사주 매입을 통해, ROE를 올리고 주가를 상승시키는 노력을 게을리하지 않는다는 것이다.

한국은 기업들의 배당성향이 다소 낮은 편이다. 근본적으로 고성장을 추구하는 기업의 입장에서 벌어들인 수익을 재투자하여 기업의 수익성을 키우는 것을 주주에게 배당 주는 것보다 더 중요하게 생각하기 때문이다. 그리고 IMF를 경험했던 국내 대기업들은 경제적 위기나 불확실성에 대비해 현금을 보유하려는 의지도 강한 편이다. 또한 우리나라 기업들의 소유과 경영이 분리되지 않은 상황도 배당성향을 낮추는 요인 중 하나이다.

그에 반해 미국 기업들은 대체로 배당을 늘리는 정책을 선호한다. 미국 주식은 기관투자자의 비중이 상당히 높은데, 그 중에서도 퇴직연금 운용처럼 장기 투자자들이 많다. 퇴직연금 운용의 특성상 현금 배당을 선호하게 되는데, 이를 위해 미국 기업들은 배당을 매 분기 지급하고, 배당 규모도 매년 증가시켜 왔다. 미국 기업은 국내보다 소유와 경영이 분리된 경우가 많은데 이런 부분도 배당을 증가시키는 하나의 유인이 된다.

NAME	TICKER	시가총액($)	3년 배당성장율	5년 배당성장율	3년 매출성장
Microsoft	MSFT	3.10T	10.16%	10.21%	13.39%
Visa	V	547.15B	17.60%	15.81%	15.51%
Novo Nordisk	NVO	519.03B	25.22%	18.78%	25.67%
Mastercard	MA	461.63B	14.43%	14.84%	16.60%
Costco	COST	402.51B	13.39%	12.51%	9.07%

표 6-1 미국의 매출 및 배당 증가율 상위 기업

표 6-1은 매출 증가율이 크고, 그에 맞춰 배당 증가율도 높은 기업 순으로 스크리닝한 자료이다. 마이크로소프트의 경우 3년 동안 매출이 성장하는 만큼 배당금도 비슷한 규모로 증가시켜왔다. 비자, 마스터카드, 코스트코 같은 친숙한 기업들도 비슷하다.

주주 친화적인 정책 중 배당과 비슷한 것으로 자사주 매입이 있다. 기업은 남는 현금으로 주주에게 배당을 줄 수 있지만 시장에

서 자기 주식을 매입해서 없앨 수 있다주식 소각이라고 한다. 그렇게 되면 주식의 발행량은 줄어들고자본도 감소한다, 주당순이익(EPS, 당기순이익/발행주식수)은 늘어나고, PER(주가/EPS)은 하락한다. 주가가 상대적으로 싸지는 효과가 발생한다. 자본이 줄어들어 ROE(순이익/자본)는 개선된다. 기업의 매출이나 영업이익이 늘어나지는 않았지만 주가를 올려 주주에게 긍정적인 효과를 준다.

자사주 매입을 열심히 하는 곳 중의 한 곳이 애플이다. 애플은 매년 600~800억 달러를 자사주 매입에 쓰는데, 10년동안 5,700억 달러 가량을 자사주 매입에 썼다. 우리나라 돈으로 환산하면 740조 원을 넘는다. 그런데 문제는 애플은 매출이나 이익 성장보다 지나치게 많은 돈을 자사주 매입에 쓰고 있어, 기업 성장을 저하시키는 것이 아니냐는 비판도 있다. 실제 애플의 주당순이익EPS은 매출이나 영업이익 성장율보다 2배 더 성장했다. 자사주 매입하여 소각한 효과가 그만큼 더 컸다는 의미이다. 그렇더라도 애플의 현재 주가 측면에서는 확실히 긍정적이었다는 것은 분명하고, 미국 기업들은 이런 정책에 우호적인 편이다.

Check!

정보의 비대칭

주식시장은 대규모의 기관투자자와 상대적으로 규모가 작은 일반 투자자들이 함께 주식 거래를 하고 있는 곳이다. 기관투자자들은 전문성이 높고 투자 규모가 크기 때문에, 일반 투자자에 비해 더 많은 정보를 가지고 매매를 하게 된다.
이를 정보가 누구나 대칭적으로 똑같이 알지 못하고, 비대칭적으로 누구는 많이 갖고 누구는 적게 갖는다고 하여, '정보의 비대칭'이라고 한다.
이를 이용해서 기관투자자들은 시장을 좌지우지할 수 있게 된다. 이를 막기 위해 주식시장에서는 다양한 방안을 마련해 놓고 있다. 기업은 재무제표 작성과 회계 감사를 받고, 이를 공시해야 하는 의무가 있고, 이 같은 정보는 전자공시시스템(DART)를 이용해 누구나 접근이 가능하다. 이를 통해 정보의 비대칭을 줄일 수 있다.

02

미국 주식 사는 방법

미국 주식에 투자를 해야할 이유를 알았다면, 실제 투자하는 방법을 알아보자. 국내주식과 매매 방법은 거의 동일하므로 걱정하지 말자.

그림 6-5 해외주식 현재가 선택

1) 현재가 보기

그림 6-5의 왼쪽 메뉴 중에 주식에서 국내주식이 아닌 해외주식을 선택한다. 해외주식 안에 많은 메뉴가 있을 것이다. 종목을 골랐면, 현

재가에 들어가 현재 거래되고 있는 가격을 살펴보자. 국내주식에서도 말했듯이 현재가창은 호가창이라고도 부르며, 매매에 필요한 많은 정보가 있다.

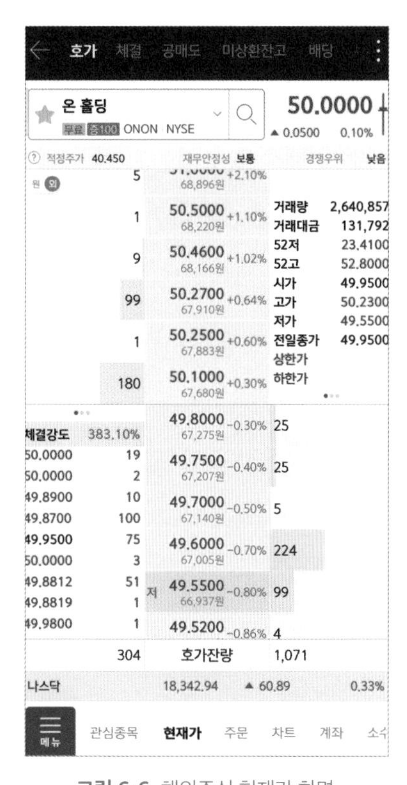

그림 6-6 해외주식 현재가 화면

현재가 창에 들어가면 상단에 호가부터 체결, 공매도 등 다양한 하위 메뉴들이 있다. 호가는 현재 그 종목을 사고 팔려는 사람들이 부르는 가격을 의미한다. 그래서 현재가창을 호가창이라고도 부르는데, 실제 거래가 체결되는 상황을 실시간으로 볼 수 있다. 오른쪽

상단에는 현재까지 누적 거래량과 거래대금, 52주 동안 기록된 저가와 고가, 오늘의 시작 가격인 시가, 오늘 현재까지 거래된 가격 중 고가와 저가, 전날 마지막 가격인 전일종가가 나온다. 이는 국내 주식에서 나온 용어와 동일하므로 아직 헷갈리는 용어가 있다면 이 책의 Part 1으로 돌아가 다시한번 용어 뜻을 읽고 오면 된다.

다만 왼쪽 하단에 체결강도라는 생소한 용어가 나온다. 체결강도는 어떤 종목이 현재 매수세가 강한지 매도세가 강한지를 나타내는 지표이다. 이 값이 100%이상이면 매수세가 강하고, 100% 이하는 매도세가 강하다는 의미이다. 그림 6-6에서는 체결강도가 383.10%로 매수세가 상당히 강하다고 할 수 있다.

상한가와 하한가라고 되어있고 아무 숫자도 나오지 않는데, 이는 미국의 주식시장에는 가격제한폭이 없기 때문이다. 하루동안 주가가 오를 때는 끝없이 올라 좋지만, 그만큼 빠질 때는 0원이 될 때까지 빠질 수 있으니 국내 주식보다 High risk, High return이다.

2) 주식 매수/매도하기

과거에 미국 주식을 매수하기 위해서는 먼저 원화를 달러로 바꾸는 환전을 해야했다. 지금은 시스템이 잘 되어있어 원화 계좌에서 주식을 주문할 때 자동으로 환전을 해준다. 따라서 종목을 매수하는 방법은 국내 주식과 거의 동일하다.

해외주식 메뉴에서 [주문]으로 들어가면 주식을 매수하고 매도

하고 잔고를 확인할 수 있다.

일단 주문으로 들어가면 주식주문 창이 보이는데, 현재 사려는 종목과 내 계좌번호를 확인하고, 비밀번호를 입력한다. 그림 6-7은 [매수] 탭이 활성화된 상태이다. 현재가 메뉴에서 봤던 호가가

그림 6-7 해외주식 매수 화면

그림 6-8 해외주식 매도 화면

간략하게 보여지고, [호가] 탭 옆에 [차트] 탭을 누르면 간단한 차트를, [체결가] 탭을 누르면 호가에 대한 체결 수량을 실시간으로 볼 수 있다. 주문 화면은 국내주식과 크게 다르지 않다. 원하는 수

량과 가격을 정해 빨간색 [매수 주문] 탭을 누르면 해외주식을 매수하게 된다. [매수 주문] 탭 위에 환율 정보는 기준환율을 적용하여 원화로 환산할 때 가격이며, 실제 결제될 때 환율과는 차이가 있을 수 있다.

매도하는 방법도 매수와 거의 동일하다. 잔고에 있는 내 주식 중 일부 또는 전부의 수량을 선택하고, 매도하고 싶은 가격을 정해 파란색 [매도 주문] 탭을 누른다. 이때도 환율은 기준환율로 환산된 원화 가격임을 유의하자.

그림 6-9 해외주식 취소/정정 화면

[취소/정정] 탭에서는 아직 체결되지 않은 매수 또는 매도 주문을 정정하거나 취소할 수 있다. 미체결된 주문을 확인하여 그 중 어떤 주문을 정정 또는 취소할 지 선택하여 실행한다.

03

한국 시장과 미국 시장의 차이

미국 주식을 사고 파는 방법은 기본적으로 동일하다. 가격을 제시하는 호가가격 단위가 다를 뿐 현재가 매매창은 동일하다. 다만 거래를 위한 제도는 조금씩 다른데 중요한 차이를 몇 가지 알아보자.

1) 주식 거래 시간

우리나라와 미국 뉴욕과 시간 차이는 13시간이다. 우리나라가 한창 장이 열리는 시간이면 미국은 늦은 밤이 되는데, 우리가 미국 주식을 사기 위해서는 한밤 중에 살 수밖에 없다.

미국 시장의 정규 거래 시간은 한국시간으로 밤 11시 30분 ~ 오전 6시까지이다. 미국 현지 시간으로는 오전 9시 30분 ~오후 4시 이다.

다만 미국에서는 3월 둘째 주 일요일 ~ 11월 첫째 주 일요일까지 서머타임Daylight saving time이 적용된다. 이 시기에는 거래 시간이 한시간씩 당겨져서 주식 거래 시간도 한국시간으로 밤 10시 30분 ~ 오전 5시까지로 변경된다. 미국 현지시간으로 오전 8시 30분 ~ 오후 3시까지다. 미국 정규시장 거래가 서머타임 때문에 헷갈릴 수 있으니 주의가 필요하다.

정규거래시간 이외에 시간외 거래도 가능하다. 우리나라보다 시간외 거래 시간이 상당히 긴 편이다. 먼저 Pre-market은 정규거래시장 전에 거래 가능한 시간으로 한국시간 오후 6시 ~ 오후 11시 30분까지이다. 그리고 정규거래시장 후에 거래가 가능한 After-market은 한국시간 오전 6시 ~ 오전 10시까지이다. 이 시간도 미국의 서머타임 기간에는 한시간씩 당겨진다.

이렇게 미국 시장은 거래시간이 상당히 길어 정규 거래장이 끝이 난 다음에 나오는 시장 정보도 제한적이지만 주가에 반영이 된다.

2) 가격제한폭 제도

미국은 우리나라처럼 '상한가', '하한가'가 없다. 우리나라는 하루에 가격이 변동할 수 있는 범위를 ±30%로 제한해 놓고 있는데, 미국은 제한이 전혀 없다. 하루에 100% 이상 상승할 수도 있고, -100%로 전액 손실을 볼 수도 있다. 보통 선진국처럼 거래규모가 크고, 정보의 비대칭이 낮아 일부 세력에 의해 주가가 조정될 여지가 없는 경우 가격제한폭은 오히려 시장의 가격을 왜곡할 수 있다. 우리나라는 아직 규모가 작은 주식 종목의 경우 일부 세력에 의해 가격이 조정되는 경우가 발생한다. 이럴 때 가격제한폭은 안전판 역할을 하게 된다. 소문때문에 하한가를 기록하지만 추가 하락은 다음날로 미뤄지는데, 그 사이에 정확한 정보가 발표되어 정상화되면 그 만큼 개인투자자의 손실을 막을 수 있게 된다.

미국은 가격제한폭이 없어 큰 가격변동성을 보일 것 같지만 사실상 그런 일은 잘 발생하지 않다. 그러나 단기적으로 변동성에 노출될 위험이 있으니 염두에 두자.

04

세금과 수수료 (한국 vs 미국)

지금까지 주식 거래에서 발생하는 세금에 대해서는 언급하지 않았는데, 이번에 미국과 비교를 하면서 한국에서 발생하는 비용을 먼저 살펴보도록 하자.

1) 한국 주식 투자 시, 세금과 수수료

한국에서는 주식 거래를 하는 경우 발생하는 비용은 증권사 이용에 대한 수수료인 거래수수료, 증권 거래세, 농어촌특별세가 있다.

증권사 거래수수료 : 증권사별로 고객들이 매수, 매도시에 일정하게 부과하는 수수료이다. 증권회사의 수익의 기본이 되는 수

수료로 주식 매매를 대행하고, 부수적인 업무를 대신 처리해주는 비용이다. 증권사별로 수수료율은 다른데, 투자자들이 가장 많이 사용하는 키움증권의 MTS 수수료는 0.015%이다.

증권거래세와 농어촌특별세 : 증권거래세는 주식을 매도하는 경우에 국가에 납부해야 하는 국세이다. 증권거래소는 1979년 처음 도입된 이래 계속해서 하락해 왔는데, 2024년부터 코스피의 경우 0.03%, 코스닥의 경우 0.18%이다. 코스닥이 높은 이유는 코스닥 종목의 경우 농어촌특별세 0.15%가 부과되지 않기 때문이다. 이를 고려하면 코스피와 코스닥 종목 모두 증권거래에 수반되는 세금은 동일하게 0.18%이다. 증권거래세는 미국, 일본, 독일 등의 선진국에서는 없는데, 그 대신 주식 투자로 이득을 본 경우 양도소득세를 낸다. 우리나라도 주식투자 이득에 대해 과세하기 위해 2025년부터 금융투자소득세를 신설해 도입할 예정이었으나 미뤄졌다. 금융투자소득세가 도입되면 코스피 종목에 부과되는 거래세는 없어지고, 농어촌특별세만 부과된다.

금융투자소득세 : 금융투자소득세는 주식, 채권, 펀드, 파생상품등 금융투자와 관련하여 발생한 소득에 대해 과세하는 세금이다. '금투세'라고도 불린다. 2023년부터 도입 예정이었으나 개인투자자에게 불리하다는 논란으로 2026년 도입으로 유예

되었다. 기본적으로 주식을 매매하여 이익을 본 경우에만 과세하고, 손실이 발생했을 때는 발생하지 않는다. 증권거래세는 손실을 본경우도 0.18%를 납부해야 되므로 개인투자자에게 오히려 유리한 부분도 분명히 존재한다. 그러나 현재 주식 양도차익에 대해 대주주 요건에 해당하는 경우 22% ~ 33%의 세율로 과세되고 있다. 금융투자세가 도입되면 소액투자자 모두 포함하여 양도차익에 과세되므로 개인투자자에게 불리해서 논란이 지속되고 있다.

금융투자소득세는 1년동안 양도차익 중 국내주식의 경우 5,000만 원, 해외주식의 경우 250만 원까지 기본 공제되어 세금 계산에서 제외된다. 이를 기본공제라고 한다. 기본공제액부터 3억 원까지의 양도차익에 대해 22%(금융소득세 20% + 지방소득세 2%)를 과세하고, 3억 초과분에 대해서는 27.5%(금융소득세 25% + 지방소득세 2.5%)를 과세한다. 손실이 발생하는 경우 5년 동안 손실금에 대해 공제를 해준다. 금융투자소득세는 아직은 도입되지 않았으니, 도입되면 고민하도록 하자.

배당소득세 : 주식 보유로 받게 되는 배당금을 소득으로 보고 15.4%(배당소득세 14% + 지방소득세 1.4%)를 배당소득세로 납부해야 한다. 원천징수를 통해 미리 세금을 떼고 배당을 받기 때문에 투자자들은 크게 신경을 쓰지 않는데, 배당주 투자를 위해서는 고려해 주어야 한다. 또한, 배당소득은 이자소득과 함께

2,000만 원 이상이 되면 종합소득세 대상이 되어 더 높은 세금을 납부할 수도 있으므로 주의를 해야 한다(일반적으로 종합소득금액 = 근로소득 + 이자소득 + 배당소득 + 연금소득).

세금이야기는 좀 복잡할 수 있지만 모두 증권사 계좌에서 자동으로 계산되어 빠져나간다. 투자수익률을 계산할 때 투자자별로 이런 비용을 고려해서 실제 수익률을 계산해 주어야 한다. 예를 들어 한번 살펴보자.

주식 100만 원어치를 매수하여, 120만 원에 매도하였다고 가정해 보자.

주식 매수			주식 매도		
	세율 (수수료율)	세금 (수수료)		세율 (수수료율)	세금 (수수료)
증권거래 수수료	0.015%	150원	증권거래 수수료	0.015%	180원
증권거래세	0%	0원	증권거래세	0.18%	2,160원
합계		150원	합계		2,340원

표 6-2 한국 주식 매매 수수료와 세금

주식 매매차익은 20만 원이 발생했고, 비용은 수수료와 세금 총 합은 2,490원이 발생하였다(매수시 비용 150원 + 매도시 비용 2,340원).

단순히 매매차익으로 계산하면 투자 수익률은 20%100만 원 투자하여 20만 원 벌었으므로이지만 실제 비용을 고려하면 (200,000-2,490) /

1,000,000 = 19.75%로 낮아진다.

2) 미국 주식 투자 시, 세금과 수수료

미국 주식을 거래하는 경우도 고려해야 하는 세금과 수수료는 유사하다. 가장 큰 차이는 양도소득세를 내야 한다는 점이다. 이경우 양도소득세를 미국에 내는 것으로 착각하기도 하는데, 한국에 납부하는 세금이다.

증권거래 수수료 : 우리나라 증권사에 지급하는 수수료로 국내 주식 매매와 동일한 이유로 지급하는 비용이다. 키움증권의 경우 매수, 매도 시 모두 0.25%가 부과된다.

증권거래세 : 미국 주식을 거래한다고 해서 한국에 증권거래세를 납부할 필요는 없다. 그러나 미국의 증권거래위원회SEC에 SEC fee매도 거래세를 주식을 매도할 때 0.00278%를 내야 한다. 일종의 미국에 납부하는 증권거래세로 볼 수 있는데 우리나라보다는 상당히 낮다.

양도소득세 : 한국 주식과 가장 큰 차이는 양도차익에 대해 세금을 낸다는 점이다. 1년 동안 양도차익에 대해 250만 원까지는 세금을 내지 않고, 그 이상의 수익에 대해서 22%의 양도소득세를 부과한다. 국내 주식 대비 가장 불리한 점이라고 할 수 있다.

이 점을 극복하기 위한 절세 방법에 대해 알아보자.

주식 양도차익이 크지 않은 경우에는 매년 250만 원씩 매도를 해서 세금을 내는 부분을 줄여 나가는 방법이다. 만약 올해 미국 주식 투자를 1,000만 원을 했고, 40%의 이익이 나서 현재 팔게 되면 400만 원의 양도차익이 발생할 것으로 예상이 된다. 그러나 더 높은 수익이 날 것으로 예상을 하고 있어, 올해 팔 생각이 없다. 실제 내년에 더 큰 이익이 나게 되면 양도소득세 금액이 커진다. 따라서 일부러 올해 양도차익 250만 원어치의 주식을 매도하여, 공제혜택을 받아 놓고, 다시 매수를 하면 내년 이후 양도소득세를 줄이는 효과가 있다. 다만 이 경우 증권사 거래수수료가 발생하게 되는데, 이 수수료와 비교하여 이익이 더 큰 경우 실행해 보자.

주식 양도소득세를 계산할 때 같은 계좌에서 발생한 손실은 이익에서 공제해 준다. 매수한 주식이 적정한 가격이 되어 매도를 꼭 하고 싶은 경우, 현재 손실이 난 주식이 있다면 이를 매도하여 전체 이익을 줄여 양도소득세를 줄일 수도 있다.

주식을 투자한 금액과 양도차익이 큰 경우는 증여를 이용하는 방법도 있다. 현재 투자하여 양도차익이 상당히 크다면, 가족에게 증여한 다음에 매각하면 양도소득세를 줄일 수 있다. 우리나라는 배우자에게 10년 간 6억 원까지는 증여세를 면제해주기 때문에 이 한도 내에서 증여를 하면 증여세를 납부하지 않는다. 그리고 증여 시 주식의 취득가격은 증여 시점의 가격을 기준으로 하므로 양도차익을 상당히 줄일 수 있다. 예를 들어 주식을 1,000만 원어치를 매수를 했는데, 현재 주가가 10배로 상승해 1억이 되었다고 하자. 이 경우 시장에서 매도를 하면 (9,000만 원 - 250만 원) × 22% = 19,250,000원의 양도소득세를 납부해야 한다. 하지만 배우자에게 주식을 증여해주면 배우자의 주식 취득가액매수가은 1억이 되고, 이를 매도하면 양도소득세를 내지 않을 수 있다.

다만 2025년 1월 1일부터는 증여받은 주식을 1년동안 보유하고 있어야 절세효과를 받을 수 있도록 법이 개정되었다.

배당소득세 : 국내 주식과 동일하게 15.4%를 납부한다.

05

글로벌 투자의 기본, 환율

주식을 투자할 때 핵심은 가격이 어떻게 변하는지를 예측하는 것이다. 국내 주식은 우리가 가지고 있는 원화를 투자하기 때문에 환율을 고려할 필요가 없는데, 미국 주식을 투자할 때는 주식의 가격 변동뿐만 아니라 원/달러 환율의 변동도 고려해야 한다.

우리나라 통화인 원화 가격 대비 외국 통화의 가격을 환율이라고 한다. 보통 우리가 미국 환율을 이야기할 때 1달러 = 1,300원으로 표시하는데 익숙하다. 달러를 그냥 자산이라고 했을 때 환율은 그냥 1달러라는 자산의 가격이고, 이 가격은 항상 변한다. 달러의 값이 변하는 이유는 다양한데, 기본적으로 미국과 한국의 경제적 수준GDP의 차이를 반영한다. 달러에 대한 국제적인 수요와 공급, 각국의 기준금리 등 거시 경제적인 요소들이 반영되어 달러의 값어치가 결정된다.

우리가 미국 주식을 투자할 때 달러를 가지고 있으면 달러를 계좌에 송금해서 바로 투자를 할 수도 있지만 보통은 주식 계좌에 원화만 가지고 있다. 이 원화로 미국 주식을 매수하거나 매도할 때마다 달러로 바꿔줘야 한다. 앞에서 미국 주식을 사고파는 화면에서 기준환율이라는 용어가 있었다. 이 기준환율은 현재 거래되고 있는 시장평균환율을 의미하는데 실제로 사고파는 환율과는 좀 다르다. 외환시장은 각국의 은행들이 주요 참여자들이다. 은행들은 서로 신용도가 높아 거의 기준환율과 비슷하게 거래를 하는데, 일반 개인투자자들은 거래금액도 작고, 신용도가 낮다. 그래서 달러를 매수할 때는 기준환율에 일정 금액을 붙이고, 매도할 때는 일정 금액을 제하고 거래를 하게 된다. 즉 개인투자자 입장에서 달러를 매수할 때는 기준환율보다 비싸게, 달러를 매도할 때는 싸게 거래를 하게 된다.

네이버 웹사이트에서 '원달러 환율'로 검색을 하면 그림 6-10처럼 보여진다.

그림 6-10 네이버 원달러 환율 화면

은행 고시환율은 기준환율을 의미하는데 1,351.50원이다. 그런데 하단에 보면 '시세정보'가 있는데 현찰 살 때 1,375.15원, 현찰 팔 때 1,327.85원이다. 이 금액이 우리가 은행에 가서 직접 달러를 사거나 팔 때의 가격이다. 해외여행을 가본 경험이 있으신 분들은 익숙할 것이다. 달러를 사고 팔 때 환율에서만 1달러 당 50원 정도의 비용이 발생한다. 투자 금액이 커질수록 실제 금액은 점점 커진다.

우리가 미국 주식을 1,000만 원을 산다고 가정해보자. 그렇다면 먼저 환전을 해야 하는데, 현찰 살 때 환율을 적용해 1,300원에 1,000만 원을 환전했다. 표 6-3에서 보는 것처럼 7,692달러가 계좌에 생기고 전액으로 주식을 매수했다. 주가가 올라 9,000달러가 되었을 때 매도를 하고, 이를 다시 원화로 환전을 했는데, 이때 환율은 1,100원으로 떨어졌다. 그렇다면 투자 수익률은 어떻게 될까?

표 6-3 환율 변동에 따른 투자 수익률 변화

미국 주식 수익률만[달러기준] 계산을 해보면 '(9,000 - 7,692) / 7,692 = 17%'의 수익을 달성한 것으로 계산된다. 하지만 원화기준으로 계산을 해보면, 1,000만 원으로 투자를 했는데, 990만 원이 되어 1%의 손실이 발생한 것으로 계산된다. 이렇게 손실이 발생한 이유는 달러의 가격이 1,300원에서 1,100원으로 하락했기 때문이다. 이번 예에서 보듯이 미국 주식을 투자할 때 환율 변동을 꼭 고려를 해야 한다.

우리는 흔히 달러를 안전자산이라고 표현한다. 그 이유는 세계 1위의 경제대국인 미국의 돈은 글로벌 위험이 발생하면 모두가 가지고 있어야 하는 돈이기 때문이다. 특히 수출 중심의 경제구

조를 가지고 있는 한국은 해외거래를 할 때 모두 달러로 결제를 하고, 이 달러가 부족하여 결제를 하지 못하면 IMF와 같은 경제 위기를 맞게 된다. 그래서 글로벌 위험이 발생하면 달러의 가격이 급등한다. 우리가 미국 주식을 가지고 있다는 것은 글로벌 경기 위험에 대한 어느 정도의 보험을 가지고 있다고도 할 수 있다. 달러 가격 급등으로 주식 가격의 하락을 어느정도 방어할 수 있기 때문이다. 이 또한 미국 주식에 투자해야 하는 이유이기도 하다.

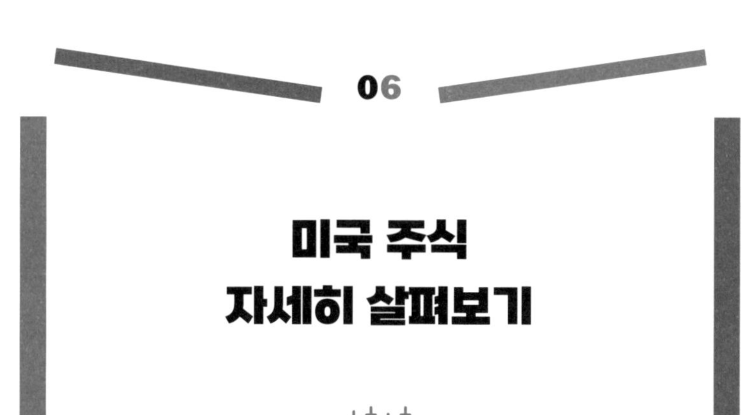

1) NVIDIA Corporation (Ticker: NVDA)

그림 6-11 엔비디아 주가 추이

엔비디아는 미국의 반도체 설계, 제조, 서비스 기업이다. 특히 컴퓨터 GPU그래픽카드의 리테일 점유율 80%로 글로벌 1위이다. 과거에는 GPU가 컴퓨터 게임을 위한 그래픽카드로 인식되었으나 AI 발전으로 머신러닝이나 딥러닝 연산을 위한 필수 부품으로 인식되면서 사용분야가 크게 확대되었고, 큰 폭의 매출 성장을 보여주고 있다.

NVDA Financial Highlights

2024.1.28 기준 단위(%, US $)

Profitability(수익성)	
Profit Margin(순이익률)	55.04%
Operating Margin (영업이익률)	62.06%
Return on Assets (ROA)	55.26%
Return on Equity (ROE)	123.77%
Income Statement (손익계산서)	
Revenue (매출액)	96.31B
EBITDA(영업이익)	61.18B
Net Income (순이익)	53.01B
Balance Sheet(재무제표)	
Total Cash(현금)	34.8B
Total Debt(부채)	10.01B
Total Debt/Equity (부채/자본)	17.22%

단위(배, US $)

Valuation Measures	
Market Cap(시가총액)	3.33T
Trailing P/E	53.66
Forward P/E	31.75
Price/Book	50.51

표 6-4 엔비디아 재무정보

표 6-4는 엔비디아의 기본 재무 정보들이다. 매출액은 963억 달러, 영업이익 611억 달러를 기록했다. 원화로 매출은 134조 원, 영업이익은 85조 원이다. 역시 가장 눈에 띄는 부분은 수익성이다. IT섹터들이 영업이익률이 높은 편이지만 엔비디아는 62.06%

로 엄청 높다. ROE는 100%가 넘는 것을 보면, 그동안의 주가 상승이 이해가 된다. 매출과 이익에서 엄청난 성장이 예상되었는데, 그 예상을 상회하는 성장을 보여주었다는 것이 숫자로 확인이 된다.

우측 표에서 Trailing P/E는 과거 1년간의 주당순이익EPS를 기준으로 계산한 PER을 의미하고, Forward P/E는 미래 예상 주당순이익을 기준으로 계산한 PER이다. Trailing P/E가 53배로 상당히 고평가 되어 있지만, Forward P/E가 33배 수준으로 하락했다. 이는 1년 뒤에 주당순이익이 늘어난다는 것을 의미하고, 미래 수익을 고려하면 현재의 주가 수준이 그렇게 부담스러운 수준은 아니라고 판단할 수도 있다.

그림 6-12는 야후 파이낸스에서 제공하는 엔비디아의 분석자료이다.

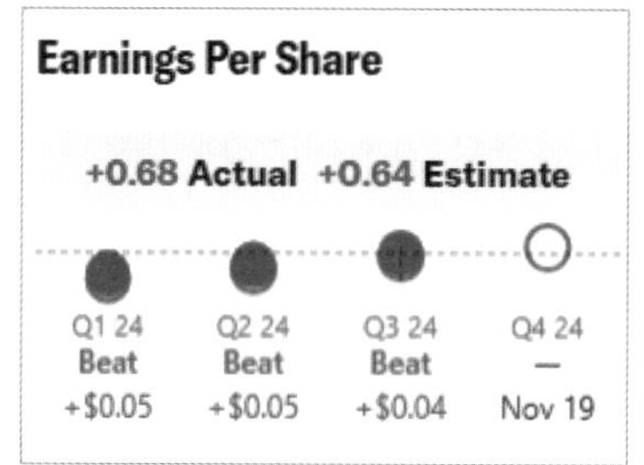

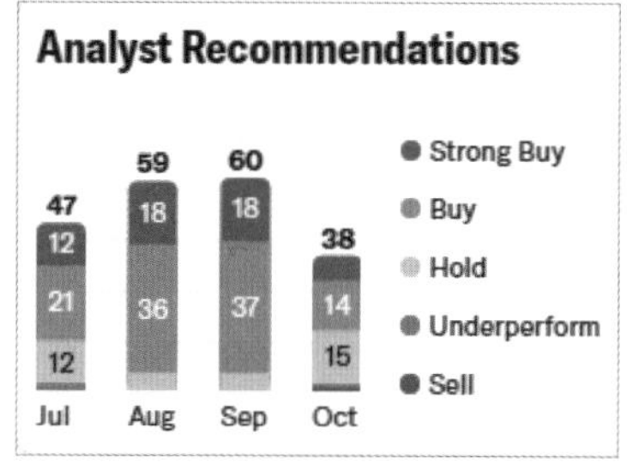

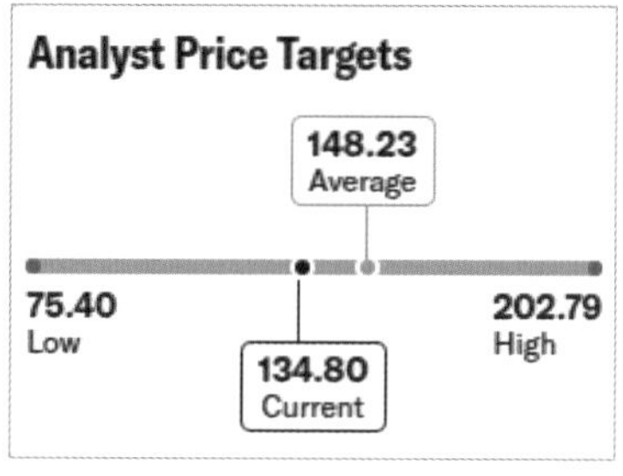

그림 6-12 엔비디아 애널리스트 분석

우리나라는 영업이익 규모와 영업이익률 같은 부분을 주로 사용하는데, 미국에서 기업의 실적을 나타낼 때는 주로 주당순이익을 의미하는 EPSEarning Per Share로 표현한다. EPS 항목에서 보면 매분기 애널리스트 예측치를 Beat상회하는 실적을 보여주고 있다. 애널리스트들의 상당수가 매수를 추천하고 평균 목표 주가는 148달러이다.

Growth Estimates

	Current Qtr.	Next Qtr.	Current Year	Next Year
NVDA	63.91%	49.61%	127.91%	50.55%
S&P 500	8.66%	11.51%	14.05%	13.39%

표 6-5 엔비디아 성장률 예상

표 6-5는 엔비디아의 성장률 예측치를 보여준다. 올해 S&P500의 평균 성장률이 14.05%인데, 엔비디아는 127.91% 성장했다. 내년 S&P500은 13.39% 성장하는데, 엔비디아는 50.55% 성장할 것으로 예상한다. 그야말로 확실한 성장주 중 하나이다.

2) Apple INC. (Ticker: APPL)

그림 6-13 애플 주가 추이

애플은 아이폰으로 유명한 미국의 전자기기 제조 및 앱서비스 제공 기업이다. 5년간 주가 수익률은 205%로 엔비디아에 비하면 낮은 수준이지만 명실상부한 미국 시가총액 1위의 기업이다.

애플의 재무정보를 알아보자.

APPL Financial Highlights

2024.9.28 기준 단위(%, US $) 단위(배, US $)

Profitability(수익성)	
Profit Margin(순이익률)	23.97%
Operating Margin (영업이익률)	31.17%
Return on Assets (ROA)	21.46%
Return on Equity (ROE)	157.41%
Income Statement (손익계산서)	
Revenue (매출액)	391.03B
EBITDA(영업이익)	134.66B
Net Income (순이익)	93.74B
Balance Sheet(재무제표)	
Total Cash(현금)	65.17B
Total Debt(부채)	119.06B
Total Debt/Equity (부채/자본)	209.06%

Valuation Measures	
Market Cap(시가총액)	3.58T
Trailing P/E	38.96
Forward P/E	31.75
Price/Book	62.87

표 6-6 애플 재무정보

매출액은 3,910억 달러, 영업이익은 1,346억 달러로 영업이익률은 31.17%이다. 엔비디아에 비해 매출액과 영업이익 규모는 훨씬 크지만 영업이익률은 다소 낮은 편이다. 애플은 이미 고성장 시기는 지났고, 안정적인 성장 기조에 접어들었다고 볼 수 있는데, 그럼에도 불구하고 30%의 영업이익률은 상당히 높은 수준이다. 아이폰 제품이 여전히 시장에서 과점적 지위를 확보하고 있기 때문이다. ROE를 보면 157%로 상당히 높다. 국내 주식의 평균적인 ROE가 10% 내외인 점과 비교해보면 큰 차이를 보인다. 앞서 이야기를 했듯이 미국 기업들이 주주친화정책을 위해 배당을 많이 주거나 자사주 매입을 적극적으로 시행한다. 특히 애플은 자사주 매입을 적극적으로 하는 대표적인 기업이다. 순이익 증가분보다 더 많은 규모의 자사주 매입을 위해 채권을 발행하기도 한다.

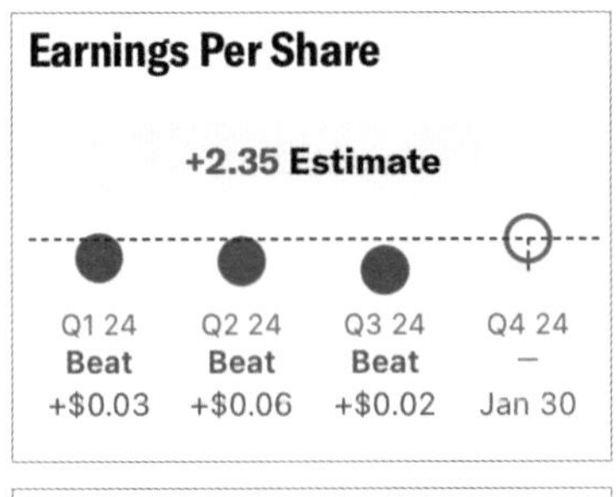

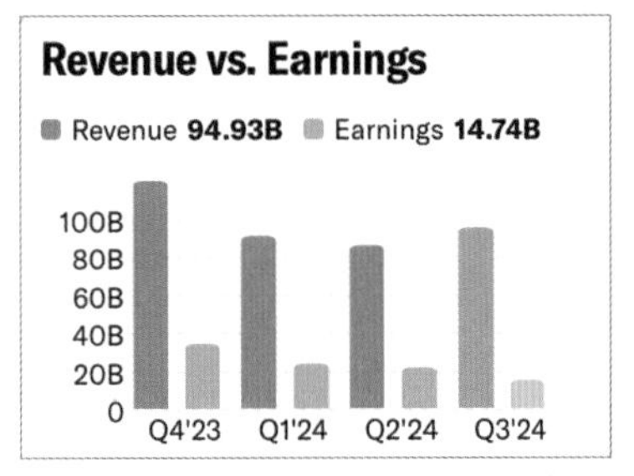

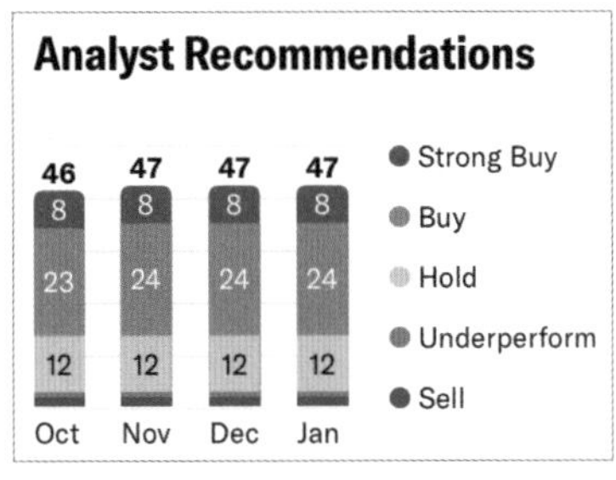

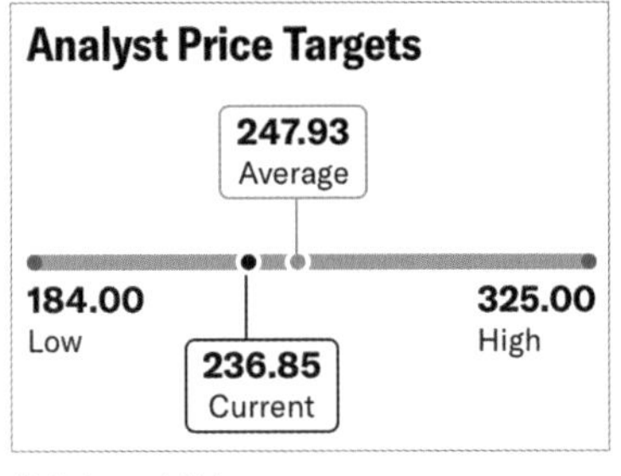

그림 6-14 애플 애널리스트 분석

애플 역시 주당순이익EPS이 애널리스트의 예측치를 계속 상회했다. 이를 '어닝 서프라즈Earning Surprise'라고 하는데, 실적발표일에 어닝 서프라이즈가 나오면 주가가 급등하곤 한다. 애널리스트 47명 중 32명이 매수Buy의견을 냈고, 평균 목표주가는 247달러로 현재 대비 추가 상승 가능한 수준이다.

Growth Estimates

	Current Qtr.	Next Qtr.	Current Year	Next Year
AAPL	7.97%	9.94%	9.58%	12.27%
S&P 500	8.66%	11.51%	14.05%	13.39%

표 6-7 애플 성장률 예상

애플의 올해 성장률은 9.58%로 S&P500 14.05% 보다 다소 낮았고, 내년 예상은 비슷한 수준으로 성장할 것으로 예상한다. 애플은 이제 성장주라기보다는 안정적인 자산주 느낌이 강해지고 있다.

3) Alphabet INC. (Ticker: GOOG)

그림 6-15 구글 주가 추이

알파벳은 검색엔진으로 유명한 구글 주식을 소유하고 있는 지주회사 이름이다. 구글 자체는 상장되어 있지 않고, 지주회사인 알파벳만 상장되어 있다. 구글은 검색엔진뿐만 아니라 스마트폰 운영체제인 안드로이드 사업, 유튜브, 클라우드 사업을 영위하는 기업이다. 대부분의 사업들이 우리에게 친숙하고 독점적인 지위를 가지고 있다.

GOOG Financial Highlights

2023.12.31 기준 단위(%, US $)

Profitability(수익성)	
Profit Margin(순이익률)	27.74%
Operating Margin (영업이익률)	32.31%
Return on Assets (ROA)	16.48%
Return on Equity (ROE)	32.10%
Income Statement (손익계산서)	
Revenue (매출액)	339.86B
EBITDA(영업이익)	123.47B
Net Income (순이익)	94.27B
Balance Sheet(재무제표)	
Total Cash(현금)	93.23B
Total Debt(부채)	29.29B
Total Debt/Equity (부채/자본)	9.32%

단위(배, US $)

Valuation Measures	
Market Cap(시가총액)	2.36T
Trailing P/E	25.62
Forward P/E	21.74
Price/Book	7.53

표 6-8 구글 재무정보

구글은 매출액 3,398억 달러, 영업이익 1,234억 달러로 애플과 유사한 외형 규모를 가지고 있다. 영업이익률은 32.31%, ROE는 32.1%로 앞의 두 기업 대비해서는 낮은 수준이나 평균을 상회하는 수준이다.

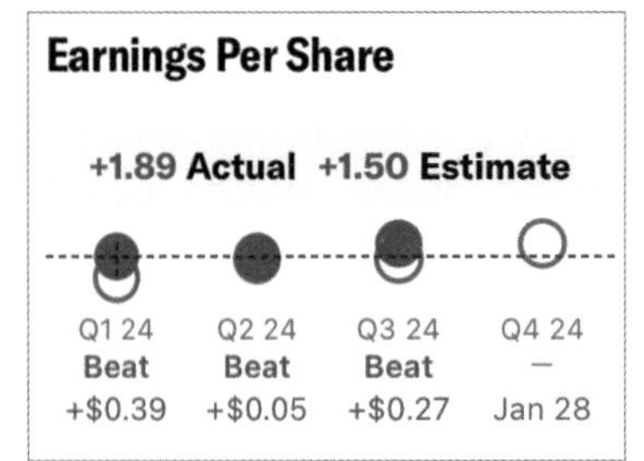

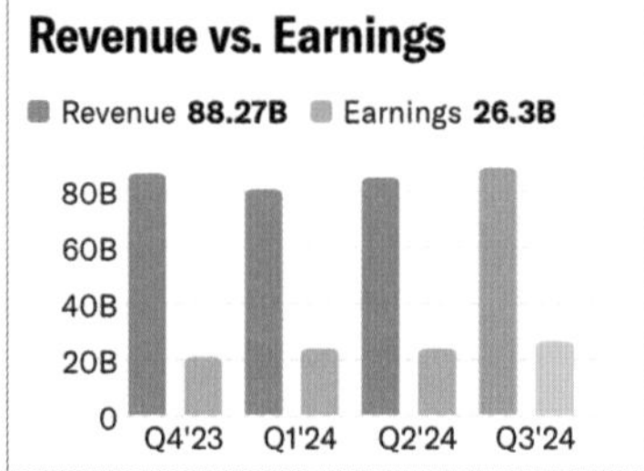

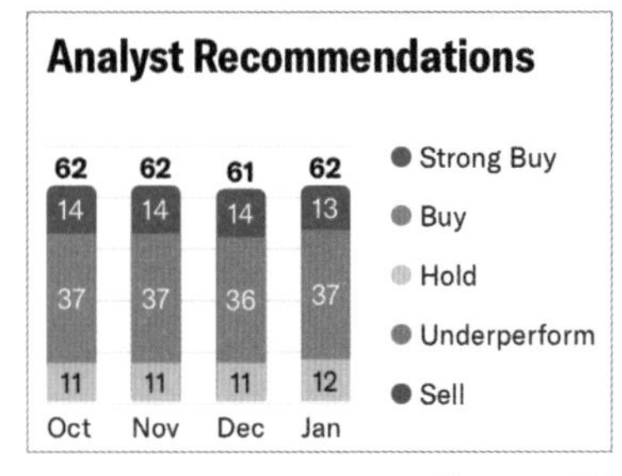

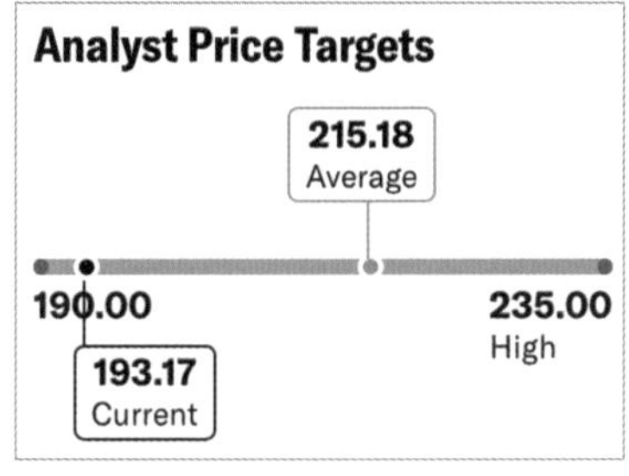

그림 6-16 구글 애널리스트 분석

구글 역시 애널리스트 예측을 상회하는 어닝 서프라이즈를 이어오고 있으며, 62명의 애널리스트 중에 50명이 매수를 추천하고 있다. 애플보다 많은 애널리스트가 종목을 커버하고 있고, 목표주가는 215달러로 현재보다 주가 상승 여력이 좀 더 있다.

Growth Estimates

	Current Qtr.	Next Qtr.	Current Year	Next Year
GOOG	29.35%	7.27%	38.12%	11.90%
S&P 500	8.66%	11.51%	14.05%	13.39%

표 6-9 구글 성장률 예상

구글의 올해 성장률은 S&P500을 상회하였으나 내년 예측치는 다소 낮아질 것으로 예상하고 있다. 구글은 애플에 비해 다양한 제품 포트폴리오를 가지고 있고, AI 시장에서 더욱 성장할 수 있는 요소를 많이 가지고 있다. 알파벳은 알파고로 유명한 딥마인드라는 기업을 자회사로 가지고 있다. 이 기업은 최근 알파폴드라는 단백질 구조를 예측하는 프로그램을 개발하여 신약개발에 이용하고 있고, 양자컴퓨터 분야에서도 최고 수준의 기술을 보유하고 있다. 알파벳의 주식을 산다는 것은 최신 AI 산업의 종합 포트폴리오를 산다는 것이기도 하다.

Check!

미국 주식을 찾아볼 수 있는 좋은 사이트 추천

① https://www.financecharts.com

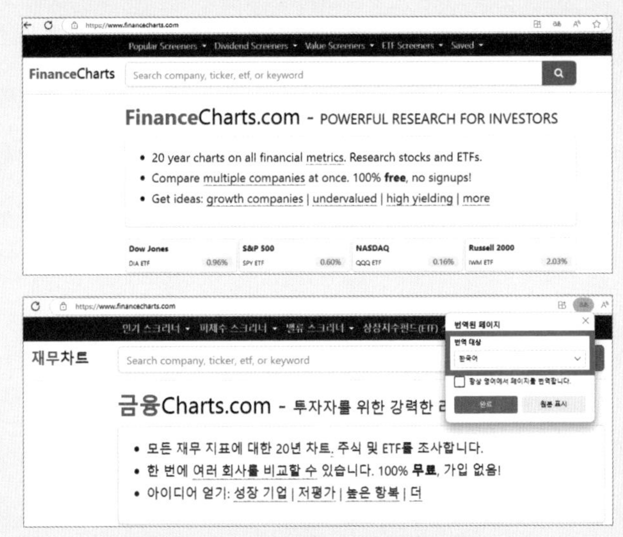

그림 6-17 FinanceCharts.com 화면과 번역된 화면

financecharts.com이라는 사이트는 원하는 조건들을 넣어서 검색하기에 좋다. 미국 주식을 투자할 때 주저되는 이유 중의 하나는 영어에 대한 부담감이다. 영어를 잘하는 사람들도 있겠지만 그렇지 않은 사람이 더 많고, 이 때문에 정보에 대한 접근성이 떨어져 투자를 시도하기 어렵다. 그러나 요즘 사이트들은 자동번역 기능을 제공하는데, 조금 어색하지만 이해하기 충분할 정도로 번역을 해준다. 그림 6-17처럼 [번역 대상]에 [한국어]를 선택하면 번역된 화면이 나온다.

그리고 financecharts.com 사이트에서 [Popular Screeners(인기 스크리너] - [Best Growth Stocks(최고의 성장주)]를 선택해보자. 그

러면 우리가 잘 알고 기업들이 나오는 리스트를 얻을 수 있다. 바로 미국에서 인기있고, 국내에 잘 알려진 기업들인데, 이 기업들은 성장성이 높은 기업들이다.

Best Growth Stocks for Oct 2024

The biggest growth stock is **NVIDIA (NVDA)** with a market cap of $3.308T, followed by Microsoft (MSFT) and Alphabet (GOOGL). We are using revenue growth to determine a 'growth' stock. Last updated Oct 11, 2024.

Screeners / Stocks / Best Growth Stock Screener for Oct 2024

Column View

#	NAME	TICKER	SECTOR	MARKET CAP	CLOSE PRICE	PRICE CHANGE	3Y REV CAGR	5Y REV CAGR	TTM TOTAL RTN	3Y TOTAL RTN	5Y TOTAL RTN
1	NVIDIA	NVDA	Information Technology	[illegible]	[illegible]	[illegible]	[illegible]	[illegible]	[illegible]	[illegible]	[illegible]
2	Microsoft	MSFT	Information Technology	[illegible]	[illegible]	[illegible]	[illegible]	[illegible]	[illegible]	[illegible]	[illegible]
3	Alphabet	GOOGL	Communication Services	[illegible]	[illegible]	[illegible]	[illegible]	[illegible]	[illegible]	[illegible]	[illegible]
4	Alphabet	GOOG	Communication Services	[illegible]	[illegible]	[illegible]	[illegible]	[illegible]	[illegible]	[illegible]	[illegible]
5	Amazon.com	AMZN	Consumer Discretionary	[illegible]	[illegible]	[illegible]	[illegible]	[illegible]	[illegible]	[illegible]	[illegible]
6	Saudi Aramco	2222.SR	Energy	[illegible]	[illegible]	[illegible]	[illegible]	7%	[illegible]	[illegible]	[illegible]
7	Meta Platforms	META	Communication Services	[illegible]	[illegible]	[illegible]	[illegible]	[illegible]	[illegible]	[illegible]	[illegible]
8	Eli Lilly and Co	LLY	Health Care	[illegible]	[illegible]	[illegible]	[illegible]	[illegible]	[illegible]	[illegible]	[illegible]
9	Broadcom	AVGO	Information Technology	[illegible]	[illegible]	[illegible]	[illegible]	[illegible]	[illegible]	[illegible]	[illegible]
10	Taiwan Semiconductor Ma...	TSM	Information Technology	[illegible]	[illegible]	[illegible]	[illegible]	[illegible]	[illegible]	[illegible]	[illegible]
11	Tesla	TSLA	Consumer Discretionary	[illegible]	[illegible]	[illegible]	[illegible]	[illegible]	[illegible]	[illegible]	[illegible]
12	JPMorgan Chase & Co	JPM	Financials	[illegible]	[illegible]	[illegible]	[illegible]	[illegible]	[illegible]	[illegible]	[illegible]
13	Exxon Mobil	XOM	Energy	[illegible]	[illegible]	[illegible]	[illegible]	[illegible]	[illegible]	[illegible]	[illegible]
14	Visa	V	Financials	[illegible]	[illegible]	[illegible]	[illegible]	[illegible]	[illegible]	[illegible]	[illegible]

그림 6-18 FinanceCharts.com의 Best Growth Stocks

이처럼 원하는 정보를 영어가 아닌 한국어로 번역된 화면으로 볼 수 있어서, 미국 주식에 대한 정보를 보다 쉽게 얻을 수 있는 사이트이다.

② https://finance.yahoo.com

그림 6-19 야후 파이낸스 검색창 화면

우리나라의 네이버증권과 비슷한 사이트로 '야후 파이낸스'가 있다.

야후 파이낸스 사이트에서 기업을 한번 검색해보자.

financecharts.com에서 최고의 성장주 리스트를 검색해 보았으니 1위 기업인 엔비디아를 야후 파이낸스 사이트에서 검색해 보자. 야후 파이낸스 검색창에서 NVDA(엔비디아의 Tiker, 즉, 엔비디아의 주식 종목코드)를 검색하면 기업 정보를 얻을 수 있다.

그림 6-20 엔비디아 기업 검색 결과

엔비디아 기업의 주가와 시장 정보를 얻을 수 있다. 엔비디아는 미국 주식 중 최근 5년간 주가 상승률이 가장 높은 종목 중 하나이다. 5년 주가 상승률이 무려 2,845%이다. 현재 주가와 전일 대비 상승률, 매기간의 주가 차트를 함께 제공한다. 시가총액은 3조달러, PE Ratio(PER)는 63.29배로 상당히 고평가되어 있는 종목이고, 배당수익률은 0.04%로 낮은 편이다. 성장주는 벌어들인 수익의 많은 부분을 재투자하기 때문에 배당수익률은 낮다.

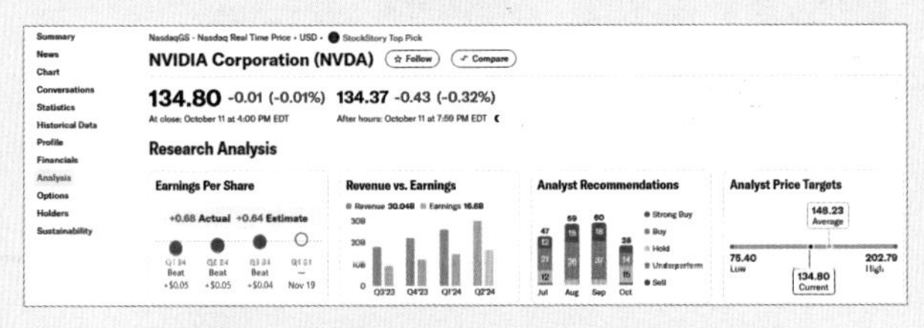

그림 6-21 엔비디아 검색 결과 중 Analysis 화면

왼쪽 메뉴 중 [Analysis] 항목으로 들어가면 미국 증권사의 애널리스트들이 예측해 놓은 자료를 볼 수 있다. 우리나라는 영업이익 규모와 영업이익률 같은 부분을 주로 사용하는데, 미국에서 기업의 실적을 나타낼 때는 주로 EPS(Earning Per Share)를 표현한다. EPS 항목에서 보면 매분기 애널리스트 예측치를 Beat(상회)하는 실적을 보여주고 있다. 그리고 Revenue(매출액)과 Earnings(순이익)은 매분기 높은 폭으로 성장을 하고 있고, 당기순이익률이 50%에 육박한다. 애널리스트들의 상당수가 매수를 추천하고 평균 목표 주가는 148달러이다. 그리고 스크롤을 조금 더 내려보자.

Growth Estimates

CURRENCY IN USD	NVDA	Industry	Sector	S&P 500
Current Qtr.	100.00%	--	--	4.70%
Next Qtr.	70.20%	--	--	8.90%
Current Year	138.70%	--	--	2.90%
Next Year	41.90%	--	--	12.70%
Next 5 Years (per annum)	52.53%	--	--	11.87%
Past 5 Years (per annum)	66.59%	--	--	--

그림 6-22 엔비디아 검색 결과 중 Growth Estimates 화면

성장률 예측치를 보여주는데, 올해 S&P500 종목의 평균 성장률이 2.90%인데, 엔비디아는 138% 성장이 예상되고, 앞으로 5년 평균은 S&P500이 11.87% 성장하는데, 52.53% 성장할 것으로 예상한다. 그야말로 확실한 성장주 중 하나이다. 이런 방식으로 야후 파이낸스에서 미국 기업들의 상세한 정보들을 확인해 볼 수 있다.